LA TRIPLE ALLIANCE EN EUROPE

L'AUTRICHE-HONGRIE

DANS LA

PROCHAINE GUERRE

Si vis pacem, para bellum.

<table>
<tr><td>PARIS
11, Place Saint-André-des-Arts.</td><td>LIMOGES
46, Nouvelle route d'Aixe, 46.</td></tr>
</table>

IMPRIMERIE ET LIBRAIRIE MILITAIRES

Henri CHARLES-LAVAUZELLE

Editeur

1891.

Librairie militaire Henri Charles-Lavauzelle

Paris, 11, place Saint-André-des-Arts.

L'AUTRICHE-HONGRIE

DANS LA PROCHAINE GUERRE

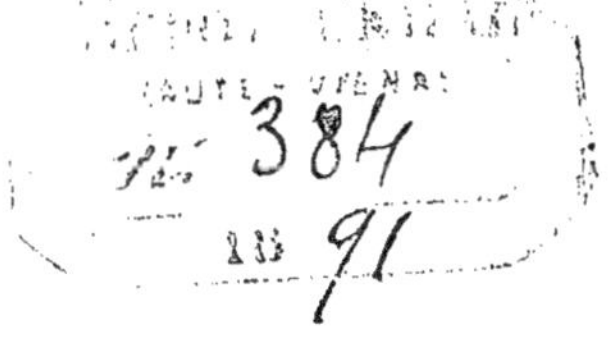

L'AUTRICHE-HONGRIE

DANS LA

PROCHAINE GUERRE

Si vis pacem, para bellum.

PARIS
11, Place St-André-des-Arts, 11, | **LIMOGES**
46, Nouvelle route d'Aixe, 46.

IMPRIMERIE ET LIBRAIRIE MILITAIRES

Henri CHARLES-LAVAUZELLE

Editeur.

1890

L'AUTRICHE-HONGRIE

DANS LA PROCHAINE GUERRE

LA TRIPLE-ALLIANCE EN EUROPE

Heureuse Europe ! comme elle doit se réjouir de voir tant de grandes puissances s'occuper de son bonheur et de sa tranquillité, et vouloir la préserver de tout bouleversement en lui assurant la paix. Une tâche vraiment noble et grandiose, qui devrait rapporter tous les avantages d'une affaire aussi peu égoïste, aussi bien aux puissances qui en ont pris l'initiative, qu'à l'Europe tout entière. N'y eut-il réellement aucune arrière-pensée ? L'intérêt spécial des puissances qui ont contracté la « Ligue de Paix », ne les aurait-il pas seul guidées ? C'est plus que vraisemblable. Et, en vérité, nous avons eu la « Ligue du Rhin » sous Louis XIV, pour assurer la paix de l'Allemagne. La Révolution française et le Grand Empire ne voulaient pas autre chose ; la Sainte-Alliance, qui en était le contre-coup, proclamait hautement, *les armes à la main*, ses intentions pacifiques, et voilà aujourd'hui la « Ligue de Paix » qui va nous assurer les bienfaits du travail, du progrès et je ne sais plus quoi encore. Est-ce que cette nouvelle ligue est moins égoïste que ses précédentes ? Est-ce qu'il est plus plausible qu'elle accomplira ses promesses ? Nous en doutons.

Même si tous les Etats qui ont conclu la « Ligue de Paix » avaient sincèrement à cœur le bonheur, la tranquillité et les progrès des peuples, ce ne serait que l'utopie de la paix perpétuelle sous une nouvelle forme ; mais, du moment que ces Etats ont pour but de faciliter ainsi la réalisation de leurs intérêts spéciaux, ce but idéal qui sert de titre à la ligue ne sera ni atteint, ni obtenu, car les puissances commettent une faute de plus en adoptant des principes opposés à leurs véritables intentions.

Du moment que ce n'est pas la conciliation des intérêts opposés qu'on demande, mais l'imposition des intérêts spéciaux qu'on recherche, ce n'est pas la paix qu'on assure, mais la guerre qu'on prépare.

Il y a encore une autre circonstance qui caractérise cette nouvelle ligue « généreuse », c'est la centralisation de son action dans la main du Gouvernement allemand, ou, — pour mieux dire, — dans celle du chancelier de cet empire. En effet, c'est de là que partent les différents mots d'ordre pour Vienne et pour Rome, où ils trouvent une obéissance singulièrement passive.

Donc pour être éclairés sur les intentions et la manière d'agir de la Triple-Alliance, il nous suffit de voir comment se passent les choses dans l'empire d'Allemagne.

Le nouvel empire d'Allemagne doit son existence à des actes de violence pareils à ceux commis par la Révolution française et par le premier Empire. En les exécutant, il n'a tenu aucun compte de la convenance, des aspirations, des tendances nationales des peuples et des intérêts des Etats.

Le premier acte du nouvel Empereur a été de violer la parole donnée à un ancien allié; en s'appropriant l'Alsace-Lorraine, il a excité l'éternelle vengeance de la nation qu'il a blessée si profondément.

Vint le Congrès de Berlin, et la Russie avait l'occasion « d'apprendre » que les services séculaires rendus à un voisin égoïste et rapace n'étaient payés que par une abstention complète au moment du danger et alors qu'on n'avait plus besoin de ses services.

Le prince de Bismarck, ayant fait de la France une ennemie éternelle et acharnée, ne pouvant plus compter sur son ancienne alliée, qui croyait pouvoir se venger, en 1875,

de la violation de la parole donnée en 1870; il pensait n'a-
voir qu'à élever la voix pour retenir la Russie en état
d'obéissance.

Il en appelait à l'Europe et criait sus à la Russie ; mais
l'Europe restait muette, et la Russie ne cédait pas.

Un Etat cependant répondait à l'appel du chancelier de
fer, et se mettait à la remorque de l'offenseur de 1866.

Cet Etat, c'était l'Autriche-Hongrie.

D'autre part, l'affaire de Tunisie devait offrir au Chancelier une occasion excellente de s'attacher l'Italie, avec
laquelle il avait déjà noué des relations cordiales en 1866,
et qui lui devait l'annexion de Rome.

C'est ainsi que se forma cette « Ligue de Paix », curieuse
ligue de paix, conclue aux cris de guerre du prince de Bismarck.

Mais sa formation n'effraya pas la Russie. Cette puissance, comprenant que ses intérèts l'éloignent de l'empire
allemand, répondit à ses provocations par des armements
successifs, résolue plutôt à périr que de se soumettre.

Mais le prince-chancelier ne se déclara pas vaincu pour
cela : ce que la force lui refusait, la ruse pourrait le lui
accorder. Aussi le voyons-nous caresser la politique russe
dans les Balkans, prescrire publiquement une politique de
ménagement et de modération à Vienne, et tâcher de
démontrer au cabinet russe que le meilleur moyen de
sauvegarder les intérèts russes serait la formation d'une
alliance des trois empires qui, permettant de traiter directement, faciliterait beaucoup la solution pacifique et désirable
de la question d'Orient.

L'intérèt vital que la Russie a dans la péninsule la dispo-
sait à entrer, pour le moment, dans cette ligue (1885), mais
voyant la non réalisation de ses espérances, elle en sortit
bientôt.

Elle s'approcha alors de la France et forma ainsi une
alliance naturelle à opposer à la Triple-Alliance.

L'Europe se trouve par suite divisée en deux camps ennemis, et les peuples tendent des deux côtés à en finir avec cet état intolérable. Tout cela par le fait du chancelier d'Allemagne, qui se proclame avec ostentation l'ange de la paix.

Et cela ne pouvait étonner personne parce qu'un Etat qui ne doit son existence qu'à des actes de violence ne peut se soutenir que par d'autres actes de violence; s'il en était autrement, toutes les lois de l'histoire seraient en contradiction, et la chute du roi de Suède au xviie siècle et celle de Napoléon Ier en 1815 seraient des événements incompréhensibles.

C'est en vain qu'on s'efforce de prouver à toute l'Europe que l'Allemagne est un Etat de paix par excellence, c'est en vain qu'on crie partout la paix, les faits démentent toujours ces affirmations.

Le grand discours du prince Bismarck après la publication du traité d'alliance avec l'Autriche-Hongrie en est une preuve indéniable.

Après avoir affirmé encore une fois que les intentions de l'Allemagne, de l'Autriche-Hongrie et de l'Italie étaient pacifiques, que la Russie ne voulait pas la guerre, que le gouvernement français garantissait la paix, que tout le monde s'efforçait de l'affermir et de l'assurer, il demanda, néanmoins, de nouveaux crédits et de nouveaux armements.

Il invoquait les années qui précédèrent 1866 et 1870, dignes monuments de la politique pacifique de la monarchie prussienne.

Et d'abord, je tiens d'une source sûre, que je ne peux pas indiquer, que l'Allemagne, au contraire, est animée de sentiments très belliqueux.

Elle n'attend que l'accomplissement d'un événement pour mettre le feu à l'Europe.

L'Allemagne est donc résolue de conjurer les dangers qui la menacent à gauche et à droite, en employant les mê mes procédés qui l'ont aidée à se constituer c'est-à-dire la guerre. la Triple-Alliance n'est qu'un moyen dans les mains de l'Allemagne pour faciliter cette tâche.

On se demandera alors pourquoi l'Allemagne tarde à pousser le cri de guerre ; pourquoi elle laisse du temps à ses concurrents de se perfectionner ? Est-ce parce qu'elle espère pouvoir atteindre son but par la voie diplomatique ? Ou bien ne se sent-elle pas assez forte ?

Les esprits trop naïfs peuvent ajouter foi au premier, les esprits clairvoyants ne peuvent être convaincus que du second.

Et, en effet, si nous examinons bien l'état militaire des puissances de la Triple-Alliance ; si nous le comparons avec celui de la France et de la Russie, nous arrivons à la conclusion que les chances sont égales.

Les deux seuls Etats qui sont prêts sont l'Allemagne et la France ; eux seuls ont tellement perfectionné leur état militaire, que leurs armées seraient mobilisées et concentrées dans le plus bref délai possible. Le nombre des combattants et la situation stratégique sont à peu près les mêmes des deux côtés. Dans tous les autres pays, on est loin d'être aussi bien préparé à la lutte.

Les défectuosités des armements russes et surtout austro-hongrois seront étudiées en détail au cours de cet ouvrage ; nous ne voulons parler ici que des imperfections de l'armée italienne.

Le nombre des hommes exercés est environ de 1,200,000 (en y comprenant les première et deuxième catégories de l'armée active), en tenant compte des diminutions causées par les différentes lois (1), et du déchet provenant des pertes annuelles et de l'émigration. Pour compléter les unités

---

(1) A noter que le nombre de 82,000 à comprendre dans la première catégorie n'est atteint que depuis 1887 ; de 1882 à 1887, il était de 76,000.

de l'armée (980 bataillons, 146 escadrons, 476 batteries et 370 compagnies et sections du train), il faut 1,150,000 hommes; l'effort devrait donc être énorme pour amener sous les drapeaux 1,150,000 hommes entre 1,200,000 disponibles. A notre avis ce résultat même ne saurait être obtenu, vu le faible effectif de l'armée permanente (13,860 officiers et 252,025 hommes). Le nombre des officiers est aussi très insuffisant (2,914 pour la milice mobile, et 5,512 pour la milice territoriale).

Mais, ce qu'il y a de plus désavantageux pour l'Italie, c'est son système de mobilisation et son réseau de chemins de fer.

Outre les inconvénients généraux du système territorial, des institutions spéciales, dues à la tentative d'unification politique, retardent de beaucoup la mobilisation; seules, les compagnies alpines ont un recrutement local.

C'est ainsi que les réservistes rejoignent non le corps le plus à proximité, mais celui d'origine, en faisant le détour par le bureau de district.

C'est ainsi que le bureau de recrutement de Naples fournit 8 régiments d'infanterie, 1 de bersaglieri, 1 du génie, 2 d'artillerie, 2 de cavalerie et 2 compagnies sanitaires; le 7ᵉ régiment de cavalerie, en garnison à Milan, reçoit les hommes des districts de Avellino, Bari, Brescia, Catane, Macerata, Mantoue, Massa et Rovigo.

Si l'on ajoute à cela : 1° l'insuffisance des lignes de chemins de fer qui relient la péninsule au continent, y compris les quatre lignes intermédiaires, fort incomplètes ; 2° les défectuosités de l'organisation du service des chemins de fer, — le transport de trente et quelques mille hommes à l'occasion de la revue (1) passée par l'Empereur Guillaume II a suffi pour bouleverser complètement l'exploitation normale, — on comprend que l'agglomération des troupes dans la par-

---

(1) Voir plus haut.

tie continentale (47 régiments d'infanterie, 23 bataillons de chasseurs, 22 bataillons alpins, 9 régiments d'artillerie, 2 régiments du génie, 15 régiments de cavalerie) serait plutôt un désavantage qu'un avantage sérieux, puisque la mise en route des réservistes par les bureaux de district pour les diriger sur les corps d'origine encombrera d'autant le réseau de la péninsule déjà fort insuffisant.

La mobilisation lente et la concentration pénible ne permettront à l'armée italienne d'entrer en campagne que le quinzième jour de la déclaration de guerre.

Au point de vue stratégique, la situation de l'Italie n'est pas plus brillante.

Les forts d'arrêts, dans une contrée desservie par des centaines de voies de terre, sont, en réalité, de simples postes d'observation dont le rôle se restreint à rendre à l'ennemi ses mouvements plus difficiles, non à l'arrêter une fois qu'il sera arrivé dans la plaine de Turin. Les campagnes de 1797, 1799, 1800 et 1859 montrent quelle est la valeur véritable des obstacles naturels.

La position centrale de Plaisance, tant vantée, étant dépourvue ou à peu près de fortifications sérieuses, peut être très facilement tournée par la rive gauche du Pô. On l'a vu à Magenta.

Il faut donc attendre longtemps pour arriver à ce que la nouvelle loi militaire ait produit ses effets, pour obtenir un nombre plus grand d'hommes exercés, pour changer le mode de mobilisation, pour compléter le réseau des chemins de fer en y introduisant l'organisation allemande, enfin, pour développer et améliorer la situation stratégique.

Ajoutons que de semblables lacunes se rencontrent dans l'organisation de l'armée austro-hongroise : voilà donc pourquoi l'Allemagne hésite à donner le signal d'alarme. Là est la vraie cause de ses déclamations pacifiques.

D'un autre côté, la Russie n'est pas mieux en situation

d'agir et c'est ce qui paralyse en quelque sorte l'ardeur guerrière des franco-russes.

En résumé, grâce à la politique bismarckienne, l'Europe est divisée en deux camps, et la guerre reste une question de temps; la nécessité de perfectionner leur état militaire est la seule raison qui fasse parler les gouvernements d'une voix aussi douce.

Pourquoi l'Autriche-Hongrie est entrée dans la Triple-Alliance. Pourquoi elle y reste.

Viribus unitis.

Le royaume germanique, qui continuait à représenter, sous le nom de Saint Empire romain, l'Empire de Charlemagne, voyait se développer dans son sein deux grands Etats dont la rivalité devait hâter sa chute et n'en permettre la reconstruction qu'après l'exclusion de l'Etat qui en était la tête depuis des siècles.

Ces deux Etats sont l'Autriche-Hongrie et la Prusse, tous les deux destinés à préserver des irruptions slaves et magyares, les frontières du royaume germanique s'agrandissant par la soumission des tribus étrangères, mais dont le déclin de l'un marche proportionnellement avec l'agrandissement de l'autre.

« Il n'en pouvait pas être autrement », disent les admirateurs de la monarchie prussienne, — et ils sont nombreux. — Pour être très répandue, cette opinion n'en est pas moins fausse que ne le sont généralement les observations des politiciens superficiels, qui ne considèrent pas les causes et se laissent hypnotiser par les résultats.

Tout d'abord, la Prusse manque et de cet esprit de conciliation et de ce talent de savoir ménager les coutumes étrangères, deux qualités indispensables au vainqueur pour s'attacher les peuples conquis.

La monarchie prussienne assure, il est vrai, aux nations soumises, une bonne administration, une justice assez impartiale, un ordre régulier, mais ses rapports avec elle porte toujours l'empreinte d'une certaine grossièreté, d'une rudesse qui rappellent trop le vainqueur et l'oppresseur.

Le Prussien, se considérant toujours comme le supérieur des « frères allemands », ne les traite qu'avec un certain mépris ; aussi ne peut-il compter que sur un mécontentement général et une malveillance cachée qui éclate de temps en temps, non seulement dans la vie privée, mais aussi dans la vie publique.

Pendant mes huit voyages à travers l'Allemagne, je n'ai pu que constater la justesse de ces observations ; d'ailleurs, l'histoire de l'Allemagne les confirme.

Jamais, en effet, nous n'avons eu à constater un rapprochement naturel entre des principautés de l'Allemagne et la Prusse. Au contraire. Et la preuve, c'est que toutes les fois qu'il s'est agi d'un intérêt général à défendre, c'est à l'Autriche qu'elles se sont adressées.

C'est en 1813-1815 qu'on trouve, pour la première fois, un élan prussophile ; encore celui-ci est dû plutôt à la situation exceptionnelle créée par l'alliance franco-autrichienne de 1812 qu'à un rapprochement sincère.

C'était d'avoir traité avec l'ennemi acharné de l'Allemagne, qui faisait apparaître, au moins aux yeux d'une partie du peuple, l'Autriche comme une sorte de complice du grand homme.

C'était d'avoir été le plus maltraité de tous les Etats allemands, qui valait à la Prusse l'honneur de personnifier la cause allemande.

La preuve que ce revirement n'avait pas d'autre cause initiale, c'est qu'en 1809, au moment de l'inaction de la Prusse, le grand poète allemand s'écriait : « Deutschland ist unser Kriegsgeschrei, Hauss Osterreich soll regieren » (l'Allemagne est notre cri de ralliement, que la maison d'Autriche règne) et Schill désobéissait à son roi.

Du moment où l'on s'aperçut combien égoïste était la

politique de la Prusse au congrès de Vienne, l'Autriche redevint l'incarnation des aspirations nationales.

En 1848, nous avons vu encore la couronne de l'Empire offerte au roi de Prusse, mais ce n'était que l'intérêt de la politique intérieure qui décidait un corps parlementaire à l'offrir à celui des deux puissants Etats qui donnait le plus de libertés à ses sujets. C'était la haine du nom français qui tournait l'Allemagne vers la Prusse; c'était la peur d'un gouvernement absolu qui faisait décerner la dignité impériale à l'Etat le plus libre, mais les aspirations nationales, les sympathies des cours et des peuples étaient pour l'Autriche. Elle seule devait et pouvait effectuer l'unité nationale sur une base historique d'équité et de justice naturelle.

Par deux fois a été soumis au peuple allemand le différend entre l'Autriche et la Prusse (guerre de Sept-Ans et guerre de 1866), et par deux fois, à un siècle de distance, le verdict rendu porte la condamnation de la Prusse. Néanmoins, l'Autriche subissait les conséquences d'être un Etat hétérogène. Aussi, tandis que la Prusse, après avoir soumis les différentes nations étrangères, les faisait entrer dans le giron de l'Empire, l'Autriche, les mettait hors de l'Empire, voulant les soustraire à l'influence séparatiste des provinces allemandes et se conserver une puissance autonome grâce à laquelle elle pourrait peser sur les décisions de la Diète. C'est ainsi que les différentes guerres soutenues par l'Autriche avaient toujours l'empreinte d'une affaire étrangère et laissaient l'Allemagne indifférente.

Même après les désastres de 1866, l'Autriche ne désespéra pas. Décidée à devenir une puissance vraiment allemande, elle n'attendait que l'occasion d'entrer dans la ligue allemande, mais les journées de Sedan et de Gravelotte lui ôtèrent toute illusion.

On a très souvent dit que c'est la France qui a été vaincue à Sadowa; avec autant de raison, on pourrait dire que c'est l'Autriche qui a été vaincue à Sedan.

La première terreur passée, on commença bientôt à
sentir, à **Vienne**, les conséquences fâcheuses de l'isolement
dans lequel se trouvait la monarchie, d'autant plus que l'on
connaissait fort bien l'esprit entreprenant du prince de
Bismarck, là où il avait un butin sûr à capturer. L'ancienne
alliée de la cour de Vienne, — la Russie, — se trouvait, par
la faute de l'Autriche, du côté de la Prusse. La France avait
encore trop à faire pour se reconstituer ; en outre, elle était
en République. L'Italie qui, dans les beaux jours du second
Empire, ne se gênait pas trop de conclure une alliance avec
son ancienne ennemie, l'Autriche, ne croyait pas devoir
s'engager ; les Etats d'Allemagne, enfin, gémissaient sous le
joug prussien.

Acculée dans cette impasse, l'Autriche-Hongrie se résigna.
Elle abandonna, le cœur brisé, sa politique traditionnelle et
tourna ses yeux vers l'Orient, poussée qu'elle était à cet acte
par les changements survenus dans sa politique intérieure.

La campagne de Sadowa, en effet, causait un bouleversement complet dans la constitution de l'Empire. La nation
magyare acquerrait enfin l'indépendance qu'elle demandait
depuis trois siècles, et, dès la proclamation du dualisme, les
destinées de la Monarchie étaient remises aux mains des
Hongrois, décidés à l'exploiter sans vergogne.

A Vienne, on comprend bien toute la portée de la faute
commise, mais on a déjà trop accordé aux Hongrois pour
oser leur reprendre les cessions faites.

Actuellement, trois systèmes se disputent le terrain. Ils
sont représentés, en quelque sorte, par les trois personnages occupant les places les plus élevées : le ministre hongrois Tisza, le comte Taafe et, d'après certains indices, l'archiduc Albert.

Le premier est le partisan fervent de l'alliance allemande ;
il comprend que la suprématie de la Hongrie n'est possible
qu'à la condition que l'Autriche suive une politique antislave. Elle doit, en conséquence, combattre les intérêts

russes dans les Balkans et, à cet effet, s'allier à l'Allemagne. La monarchie abandonnera ainsi toutes ses aspirations sur l'Allemagne et suivra une politique purement orientale.

Le second est, par excellence, le représentant de la paix; il tient actuellement à l'alliance prussienne, mais seulement parce qu'il espère ainsi assurer le maintien de la paix. Il ne redoute rien autant qu'une guerre qui pourrait causer la destruction de la monarchie; il s'efforce donc de suivre une politique au jour le jour, à concilier les intérêts opposés. Ce système se rapproche le plus vers les idées de Sa Majesté l'Empereur.

Le troisième système tient à reprendre la politique traditionnelle de la maison de Habsbourg. Le plus autrichien de tous les archiducs ressent encore trop l'offense de Sadowa pour pardonner à M. de Bismarck. Désireux d'établir la puissance des Habsbourg, il préconise le renoncement à toute politique orientale, qu'il considère comme une politique d'aventure; il conseille de se jeter dans les bras de la Russie et de remplacer l'allance allemande par l'alliance slave.

Cette politique n'est pas entrée dans le domaine de l'opinion publique, mais dans les hauts cercles elle compte beaucoup de partisans qui affirment de temps en temps leurs convictions. En 1879, sous l'influence des premiers embarras de la question d'Orient et des tendances du comte Andrassy, l'alliance allemande fut conclue et, après l'arrivée au pouvoir des idées pacifiques du comte Kalnoky, elle fut trouvée capable d'assurer la tranquillité de l'Europe et de la monarchie.

Jusqu'ici les événements n'ont pas changé la situation. L'Italie est entrée, elle aussi, dans la Triple-Alliance; on ne peut donc songer à un rapprochement entre cette puissance et l'Autriche-Hongrie, en vue de reconquérir pour celle-ci sa situation prépondérante en Allemagne. Du reste, ce serait toujours par la guerre qu'il faudrait commencer, et il n'y a pas d'Etat aussi pacifique en Europe que l'Autriche-Hongrie. Une alliance avec la Russie ou la France n'aurait pas d'autre but que la guerre, et quoique les intentions de l'Allemagne soient bien connues, quoiqu'on soit persuadé que l'Allemagne tirerait volontiers l'épée si se produisait l'événement qu'elle attend avec impatience, on se flatte de pouvoir tempérer le sentiment belliqueux du jeune Empereur, surtout en devenant son allié. On espère ainsi être toujours en état d'empêcher un ébranlement du côté de la Triple-Alliance, en refusant de se prêter à un coup de force et, d'autre part, calmer l'élan franco-russe en lui faisant prévoir des difficultés plus grandes pour atteindre son but.

Nous sommes loin d'être d'accord avec le cabinet de Vienne en ce qui concerne la politique extérieure ; les cercles gouvernementaux ne tarderont pas à s'apercevoir du peu d'efficacité de la politique suivie. Si l'on a réussi jusqu'ici à retarder toute explosion, c'était surtout à cause de l'imperfection des armements austro-italiens; mais, lorsque la Prusse jugera le moment favorable, elle ne s'inclinera ni devant les conseils, ni devant les menaces éventuelles de Vienne. Et d'ailleurs, au moment du branle-bas général, l'Autriche aurait-elle le courage d'abandonner son alliée l'Allemagne? Ne courrait-elle pas les risques d'être repoussée, si elle se mettait du côté de la Russie? Et si ce n'était pas l'Allemagne, mais la France et la Russie qui attaquent, qu'arriverait-il? Autant de questions qui n'auront de solutions qu'au moment suprême.

L'antagonisme entre la France et la Russie d'une part et l'Allemagne d'autre part repose sur des causes si naturelles qu'il est impossible d'empêcher la lutte d'éclater. Puisque l'Autriche tient tant à assurer la paix, pourquoi hésite-t-elle à se rapprocher de la Russie et de la France? Elle assurerait ainsi leur supériorité incontestable, et forcerait l'Allemagne à céder. Elle pourrait alors reconquérir sa renommée et sa puissance en Allemagne, et mener à bien la grande œuvre qu'elle a mission d'accomplir : la reconstitution de l'Allemagne. Du même coup, les destinées de l'Empire seraient retirées des mains des Hongrois et, de nouveau, concentrées à Vienne.

Bon nombre de personnages influents de l'entourage de Sa Majesté caressent bien cette politique, qui serait acclamée par les populations slaves, mais la crainte de se voir isolé, repoussé et éventuellement exposé seul aux représailles de la Prusse, le peu de stabilité des pouvoirs publics en France, sont autant de causes qui détournent le cabinet de Vienne de pareilles combinaisons. En effet, en 1866, on s'attendait à être secouru par la France, et on se voyait abandonné ; en 1871 on voulait intervenir, mais la Russie s'y refusait, l'Angleterre se montrait trop molle ; c'était toujours l'Autriche qui payait.

On comprend donc bien que cette monarchie si éprouvée craigne de hasarder n'importe quoi, et qu'elle ait cherché un refuge dans la Triple-Alliance. Elle y restera autant que les circonstances ne changeront pas la situation générale, résolue qu'elle est à se venger de celui des Etats qui la forcera de tirer l'épée.

SACRIFICES ET AVANTAGES QUI EN SERAIENT LA CONSÉQUENCE

> *Gott hüte mich vor meinen Freunden und vor*
> *meinen Feinden, werde ich mich selbst hüten.*

Voilà donc l'alliance austro-allemande conclue ; n'ayant été d'aucune part dénoncée elle continue tacitement d'exister. La monarchie austro-hongroise a déjà passé dix années sous le régime de ce traité ; on peut, en conséquence, déduire les avantages et les désavantages de cette convention, sans crainte de se voir trop démenti.

Envisageons d'abord la situation générale de la monarchie vis-à-vis des autres grandes puissances de l'Europe. Après 1870, les rapports des puissances avec la monarchie étaient sinon amicaux, du moins courtois. La Prusse elle-même, trop occupée du côté de la France, semblait avoir abandonné tous projets de conquêtes au détriment de l'Autriche.

Or, quel est le tableau après dix années d'une ligue de paix? La Russie, qui conservait encore une certaine bienveillance pour son ancienne alliée, devient l'ennemie jurée de la monarchie, et, ce qui est surtout grave, c'est qu'il n'y a pas d'antagonisme seulement entre les gouvernements, mais encore entre les peuples qui s'apprêtent à s'entr'égorger.

C'est d'ailleurs là le résultat de la politique prussienne, qui a pour habitude d'exciter les passions des peuples, afin d'empêcher toute réconciliation.

La France a été de même détournée.

L'Italie, elle, a conservé l'attitude attentive qu'elle prenait immédiatement après les événements de 1870.

L'Angleterre a cessé de compter avec l'Autriche comme une puissance d'une grande importance pour une intervention éventuelle dans les Balkans.

En général, le prestige de la monarchie a été fort compromis aux yeux des puissances européennes, qui ne la considèrent que comme la satellite du jeune Hohenzollern.

Cette déconsidération extérieure marche parallèlement avec la décomposition politique intérieure.

Jamais un Etat n'a eu autant de partis politiques n'ayant une réelle raison d'être que la monarchie austro-hongroise.

Les peuples slaves, qui forment presque la moitié de la population, se trouvent dans un tel état d'abaissement que l'indignation générale les gagne, d'autant plus que l'arrogance des Teutons et des Hongrois ne connaît pas de bornes, puisque leur dogme d'Etat, énoncé par le comte de Beust, se résume dans l'anéantissement de l'élément slave (*Die Slaven mussen an die wand gedrückt werden*).

Un Etat dont les bases de la constitution ne sont pas hors de discussion ressemble beaucoup à un homme malade. C'est en quelque sorte l'attachement à la personne de l'Empereur qui fait seul écarter les tendances destructives.

Les peuples slaves n'ont jamais marchandé leur sang pour la monarchie; aussi cette persécution les blesse-t-elle d'autant plus.

La politique antislave a aliéné aussi les populations balkaniques de l'Autriche, et c'est justement sur ce terrain que la monarchie, poussée par la nouvelle alliance, est obligée de chercher la satisfaction de ses intérêts.

Voilà quelle est la sollicitude de l'Allemagne pour ses alliés : les exciter à diriger leur expansion, là où des luttes continuelles menacent d'absorber leur force, et cela en abandonnant le terrain naturel de leur action politique.

Ajoutons à cela que les armements extraordinaires auxquels elle a été contrainte par la Prusse ont occasionné de telles dépenses que le budget de la monarchie est toujours en déficit, et que, sauf la France et l'Italie, il n'y a pas d'Etat en Europe qui marche aussi rapidement à la banqueroute que l'Autriche-Hongrie.

Mais ce n'est pas assez de négliger les intérêts de son alliée, la monarchie des Hohenzollern traite l'empire des Habsbourg comme un pays étranger, ou même comme un État ennemi, surtout dans les affaires commerciales, partout où elle y trouvait son intérêt.

C'est ainsi que la construction du chemin de fer de Saint-Gothard portait un coup capital au rendement commercial de l'Autriche-Hongrie.

Avant la construction de cette voie ferrée, le commerce avec l'Orient se faisait par l'Autriche; c'est elle qui était le pivot des communications entre les Balkans et l'Allemagne. Aujourd'hui, tout est changé, et c'est pour l'Autriche une perte énorme. Même dans la péninsule des Balkans, le commerce austro-hongrois est remplacé par le commerce allemand.

Là, en effet, où l'on ne s'adresse pas à la France, c'est

avec l'Allemagne que l'on traite, avec l'Allemagne qui s'est glissée sur le marché sous la protection autrichienne; aussi, le commerce d'Autriche-Hongrie n'occupe-t-il que les places que lui cèdent les comptoirs allemands.

Chose incroyable, le trajet de marchandise de Leipzick à Sophia est moins cher que celui de Vienne à Sofia.

C'est grâce à l'adresse, à l'habileté et à l'astuce des voyageurs-agents des maisons de commerce allemandes que ces maisons savent d'avance à combien s'élèvera leur transport annuel; et elles concluent des conventions avec les compagnies de chemins de fer, qui leur accordent des diminutions considérables; les maisons autrichiennes s'adressent donc très souvent aux maisons allemandes pour faire expédier leurs marchandises.

C'est parce que le commerce allemand est insuffisant pour satisfaire à tous les besoins, pour faire face à toutes les exigences que les marchandises autrichiennes trouvent un certain débouché. Et c'est cela qu'on appelle la bienveillance prussienne! Leurs produits remplissent même les marchés austro-hongrois et à l'inverse on ferme les frontières à certains produits autrichiens et hongrois. La défense d'entrer des viandes de porc en Allemagne en est l'exemple le plus merveilleux que l'on puisse citer à l'appui de ce que nous avançons.

Il semble qu'après de pareils résultats tout le monde se hâterait d'en finir avec cet état insupportable; mais non. Le traité d'alliance austro-allemand accorde au parti modéré qui tient actuellement le pouvoir, en compensation de toutes ses avances, l'avantage immense d'avoir pu conserver, et, en quelque sorte, assurer la paix, comme on s'en flatte à Vienne.

C'est cette éternelle crainte d'une guerre qui tient la monarchie enchainée, et la jette aux pieds de M. do Bismarck.

Les guerres modernes, qui se terminèrent par autant de

défaites, ont rendu les cercles gouvernementaux d'autant plus circonspects que les luttes intérieures font craindre **un** certain manque du patriotisme du côté des populations mécontentes. En Bosnie et en Herzégovine, elles ne cachent point leurs intentions insurrectionnelles.

La paix et la tranquillité, c'est le dogme des hommes d'Etat autrichiens; c'est pour l'obtenir, c'est pour la conserver, qu'ils oublient si facilement les offenses et tiennent aussi peu compte du tort que leur cause leur *chère* alliée.

L'ARMÉE AUSTRO-HONGROISE

Ave Cæsar ! morituri te salutant !

La suprématie de la Hongrie, qui est la conséquence naturelle du rapprochement austro-allemand, menace non seulement l'unité politique de l'Empire, mais encore l'unité de l'armée.

C'est après avoir reconnu les dangers de l'influence hongroise et des tendances prussophiles des Allemands libéraux que le Gouvernement autrichien a commencé à chercher un appui dans les populations slaves. Il espère, par ce moyen, pouvoir opposer aux sentiments belliqueux des germano-hongrois les sentiments opposés des Slaves, et tenir ainsi la balance, en vue de permettre à la monarchie de prendre une attitude convenable à ses intentions pacifiques.

C'est cette idée qui, jusqu'ici, a empêché les idées séparatistes de pénétrer dans les rangs de l'armée.

Les rigueurs de la discipline, l'amour du drapeau, le

respect pour l'autorité de S. M. l'Empereur sont autant de liens indissolubles qui unissent les éléments divers de l'armée, autant de sauvegardes de ses institutions.

L'armée restera encore longtemps très attachée à la personne de l'Empereur et étrangère aux agissements séparatistes des partis politiques.

Le seul moyen de conserver l'unité de la monarchie, c'est de maintenir l'armée dans ses sentiments envers l'autorité impériale et d'exalter son amour du drapeau.

On a donc commis une grande faute, une faute préjudiciable à l'unité de l'Empire, lorsque l'on a donné aux peuples de la monarchie une constitution.

Pour les États hétérogènes ou qui portent encore les germes de la dissolution, ce n'est pas le système libéral, mais le régime du pouvoir absolu qui convient à leur nature. Les hommes d'Etat russes l'ont compris en refusant de donner à un Polonais, à un Finnois, à un Allemand des provinces baltiques, à un Tartare, à un Circassien, comme ils l'ont donné aux Slaves, le droit de se mêler des affaires de l'Etat.

Jamais, sous le régime absolu, la question d'existence de la monarchie n'a été aussi discutée et aussi ébranlée, qu'elle l'a été pendant vingt ans de régime constitutionnel.

La France, l'Angleterre, l'Italie, l'Espagne peuvent former même des républiques, sans que la puissance de l'Etat et la solidarité des institutions en souffrent; mais la Russie et l'Autriche-Hongrie qui ont tant d'éléments de dissolution, ont besoin d'un pouvoir fort et indiscutable, capable avec le temps de fondre ces différents éléments en une seule nation.

Dans les cercles militaires, on est ennemi de toutes les libertés politiques, et les rixes qui ont troublé la bonne entente entre l'armée et les partis politiques (comme les affaires de Jansky et de Monor) sont très sévèrement jugées, même par les officiers de nationalité hongroise.

Ces luttes continuelles ont rendu ces nationalités jalouses l'une de l'autre, à ce point que tout affaiblissement de l'une est acclamé par l'autre et que le joug étranger est encore plus difficile à supporter que les plus grandes oppressions du pouvoir.

C'est ainsi que les Slaves de l'Autriche, aussi bien que ceux de la Hongrie, ont profité de l'affaire Jansky pour manifester leurs sentiments antimagyars, en se prononçant pour le régime absolu.

Les Croates acclamèrent à cette époque l'archiduc Albert, en poussant le cri de : « Vive le drapeau noir et jaune ! A bas le drapeau hongrois ! »

Les tentatives des Magyars pour la formation d'une armée hongroise indépendante ont, en outre, contre elles la cour, les cercles militaires et les Autrichiens de toutes les autres races. Si on leur faisait des concessions, elles n'étaient qu'apparentes, et tout restait dans le *statu quo ante*.

Mais ce n'est pas seulement cette tendance anti-particulariste de l'armée qui la préserve de toute velléité d'indépendance : il faut tenir compte encore du sentiment de fierté qui est resté, malgré de nombreux échecs, la caractéristique du corps militaire.

L'Empereur proclamait, à l'occasion de l'entrevue avec l'Empereur Guillaume, la fraternité et la solidarité des deux armées autrichienne et allemande ; mais ces paroles étaient trop dictées par les circonstances politiques pour être vraies ; elles exprimaient alors plutôt un désir en rapport avec le groupement actuel des Etats, qu'elles ne constataient un fait déjà acquis.

Nous ne voulons pas dire que le corps d'officiers de l'armée austro-hongroise soit tout à fait mal disposé à l'égard de l'armée allemande, mais il n'est pas près de fraterniser, comme cela s'est vu entre les alliés des autres époques, et comme cela se voit actuellement entre la France et la Russie.

Une grande partie du corps d'officiers, — et Dieu sait combien le nombre en est grand ! — est même hostile aux ennemis de Sadowa, qui ont été les oppresseurs des Slaves.

La fierté autrichienne ne peut pardonner les offenses séculaires des Hohenzollern, et les sujets de race slave n'ont que de la haine pour la Prusse, Etat antislave par excellence.

Les malheurs ont pu changer la situation politique et, peut-être, affaiblir le prestige de l'armée à l'extérieur; mais l'esprit du corps d'officiers est resté le même qu'auparavant.

La meilleure démonstration de cette hypothèse, c'est l'affaire du feldzeugmeister Kuhn.

La même constance se montre dans les vues militaires en général, et dans la manière de procéder aux opérations stratégiques en particulier. C'est, en outre, une chose très normale que de voir un ordre d'idées spécial se développer dans la vie des nations.

De même que nous avons dans la vie politique les traditions nationales, l'armée possède des traditions militaires nationales.

C'est ainsi que nous voyons, sous l'influence des développements de la science et des nombreuses guerres, dont quelques-unes sont uniques dans l'histoire, nous voyons, disons-nous, surgir différentes écoles qui sont en rapport et avec le caractère des peuples et avec le degré de perfectionnement de l'art militaire.

Nous avons eu jusqu'ici une école française, une école russe, une école prussienne et une école autrichienne.

La première a trouvé sa plus éclatante manifestation sous le grand Napoléon; la troisième, sous Frédéric le Grand et, en quelque sorte, sous le comte de Moltke. Quant à l'école russe et autrichienne, on n'y trouve pas tout à fait un représentant général des idées militaires, tous les bons capitaines de même que les mauvais portent l'empreinte de leur école.

Dans aucune armée nous ne voyons le pédantisme et la

rigoureuse observation des règles stratégiques comme dans l'armée autrichienne. C'est aussi l'armée qui s'empresse le plus de donner aux vérités acquises et aux expériences concluantes l'autorité que confère une réglementation précise et officielle. Il en résulte que ces systèmes et ces règles, une fois établis, ont force de loi et qu'on les suit rigoureusement toujours et partout; d'où une lenteur fâcheuse imprimée à toutes les opérations militaires.

Cette lenteur est la conséquence du respect pour les règles et les systèmes et de la tendance des masses à suivre strictement et passivement l'impulsion donnée par les supérieurs. Grâce aux institutions politiques, le sentiment de l'obéissance passive est inné chez tout Autrichien. En effet, nous voyons cette lenteur caractéristique apparaître avec les premiers chefs militaires.

Montecuculli, le premier Autrichien qui a cueilli les palmes de la gloire, en est en même temps l'inaugurateur. Sa lenteur le faisait comparer à Fabius Cunctator; c'est ainsi qu'après de longues hésitations, et seulement forcé par la résolution de son adversaire, d'accepter la bataille de Saint-Gothard qu'il gagne, il perd un temps précieux et conseille de conclure la défavorable paix de Vasvrar. Après lui, viennent le margrave de Bade, Browne, Charles de Lorraine, Daun, Coburg, Clairfayt, Wurmser, Mack, les archiducs Jean et Ferdinand, Schwartzenberg, Bianchi, Frimont, Radetzky, Giulay et Benedek et l'archiduc Albert.

Voilà les principaux chefs de l'armée autrichienne; plusieurs d'entre eux ont su se faire apprécier même par leurs ennemis, pour les exploits militaires très remarquables qu'ils ont à leur actif; mais tous portent l'empreinte de la lenteur autrichienne.

Deux grands capitaines, qui sont devenus les maîtres dans l'armée autrichienne, ont su cependant se délivrer de ces chaînes. Les opérations conduites par eux sont caractérisées par une vitesse rare et par des idées tout à fait inconnues jusque-là dans l'école autrichienne : nous avons nommé le prince Eugène de Savoie et le général Loudon, il est vrai tous les deux étrangers, mais qui ne laissèrent pas s'endormir leurs facultés militaires nationales sous le formalisme rigoureux de l'aigle impérial. Un seul Autrichien fait exception à la règle. De tous ses compatriotes, l'archiduc Charles est certainement le seul qui ait été capable d'imprimer à ses opérations une vitesse et une génialité françaises. Toutefois on ne doit pas voir dans cela un changement survenu dans l'école autrichienne ; la meilleure preuve c'est qu'après l'archiduc, les vieilles idées de jadis redeviennent la règle. Le prince Schwartzenberg, tout comme aussi Radetzky, Giulay et Benedek, le prouvent suffisamment.

L'archiduc Charles est une de ces rarissimes exceptions, comme il en apparaît de temps en temps, pour former un contraste frappant avec les idées et éventuellement avec les coutumes de leurs compatriotes.

Nous trouvons ainsi parmi les plus ingénieux et les plus actifs capitaines du monde, un Soubise et un Bernadotte ; parmi les capitaines les plus résolus, un Hohenlohe et un Brunswich ; parmi les capitaines les plus circonspects, un Marlborough ; les Romains avaient un Varron et les Carthaginois un Annibal.

Des circonstances sans précédent hâtèrent encore cette éducation française dans l'archiduc, et les exploits qu'il apprenait du plus grand capitaine du monde le fortifièrent dans ses perfectionnements et le retinrent dans cette voie. Voilà pourquoi il ressemble plutôt aux maréchaux français, à ces dignes élèves de son glorieux adversaire, qu'à n'importe quel général autrichien, excepté, bien entendu, le prince Eugène et le général Loudon.

La fâcheuse influence de la vieille école pèse encore aujourd'hui sur les décisions du grand état major général, quoique diminuée et atténuée en quelque sorte par l'expérience acquise dans les nombreuses guerres de ce siècle.

Les opérations en Bosnie et en Herzégowine ne sont pas exemptes de ce vice. La durée de la résistance des Turcs, la longueur de la lutte, le grand nombre des troupes employées n'ont pas d'autre cause, en quelque sorte, que l'engouement des généraux autrichiens pour les guerres systématiques.

Voyons maintenant en quoi et jusqu'à quel degré se manifeste cette influence néfaste de la vieille école dans les opérations militaires modernes.

Cette lenteur est surtout mise en évidence par le caractère d'irrésolution circonspecte que révèlent les plans de campagne. En effet, il n'y a pas d'état-major général qui semble redouter autant les risques de la guerre que l'état-major général autrichien.

C'est bien souvent un excès de prudence qui a causé la défaite de leur armée et l'insuccès de campagnes entreprises dans d'excellentes conditions.

Les plus éclatants exemples sont donnés par les campagnes de 1813 et de 1814 surtout. L'attaque de Dresde s'est changée en défaite par suite des hésitations du général en chef qui perdit ainsi un temps précieux. C'est la trop grande crainte d'une attaque sur Dresde qui le décida à faire le mouvement tournant sur Leipsick ; ce n'est qu'après avoir été convaincu du danger qu'il courrait, si l'on abandonnait ses communications avec la Bohème, ayant une armée française victorieuse sur les derrières, qu'on revenait sur Dresde. La bataille de Dresde suffit à lui ôter si bien l'envie de manœuvrer, que son action se restreignit dès lors à des marches et à des contre-marches.

Ce n'est qu'après le succès des maréchaux Blücher et Bernadotte, et surtout après le départ de l'empereur Napoléon, que les Autrichiens osèrent se porter sur Leipsick ; encore exigèrent-ils de leurs alliés que l'armée russe de réserve se massât sous Béningsen, afin de couvrir leurs communications avec la Bohème en tenant Dresde bloqué.

Si Blücher avait imité les Autrichiens ou seulement apporté
dans sa marche la moitié de cette lenteur, la bataille de
Leipsick aurait établi encore une fois la suprématie de la
France sur toute l'Europe.

Dans la discussion du plan de campagne de 1814, on voit
encore mieux prendre corps les fâcheuses idées des capitaines autrichiens. Le plus hardi d'entre eux, le prince
Schwartzenberg, n'entrevoyait la possibilité d'attaquer la
France qu'en tournant ses défenses et en violant la neutra-
lité suisse ; mais les autres se récrièrent hautement contre
cette inobservation des règles de la stratégie, contre ce
manquement aux principes de toute science militaire.

A la question : « Qu'est-ce qui arriverait, si les Français
repoussaient l'attaque, venant par la Suisse ? » l'un d'eux
répondait : « Tant mieux, nous remonterions le Rhin et nous
commencerions le siège régulier de Mayence. »

Tandis que l'armée de Blücher avait à lutter contre
25,000 Français et faisait quand même 44 milles en 14 jours,
le prince Schwartzenberg qui n'avait devant lui que le 2e
corps d'infanterie et le 5e de cavalerie, employait 24 jours
pour arriver à l'Aube, c'est-à-dire pour franchir seulement
32 milles. Blucher la devança bientôt, cette armée de
Bohême, et en devenait l'avant-garde. Les opérations des
deux armées de Bohême et de Silésie, du 1er au 10 février,
montrent assez clairement jusqu'à quel point peut devenir
fatale la réunion de deux armées guidées par des idées géné-
rales aussi différentes, ce qui se renouvellerait encore dans
une prochaine guerre austro-germano-russe.

Il avait été convenu que Blücher s'avancerait par la
vallée de la Marne et Schwartzenberg par celle de la Seine,
en gagnant du terrain tour à tour autant que l'absence de
l'Empereur le permettrait. Blücher pensait que Schwartzenberg pousserait en avant après la victoire de la Rothière
avec plus de rapidité et de résolution qu'il ne le fit. Schwartzenberg à son tour espérait que Blücher lui serait recon-

naissant de l'avoir tiré de l'embarras créé par la bataille de Brienne et qu'il deviendrait plus circonspect après l'échec de Brienne. C'est ainsi que Blücher voyait le prince Schwartzenberg déjà à Provins vers le 10 du mois de février, tandis que Schwartzenberg croyait Blücher à Epernay, avec ses avant-gardes éventuellement poussées vers Château-Thierry, tandis qu'en réalité le prince Schwartzenberg n'avait pas encore forcé les Français à évacuer la position du ruisseau d'Ardusson, et que Blücher avait une grande partie du corps Sacken déjà à Trilport.

Napoléon sut admirablement profiter de ces déconvenues de l'ennemi et les défaites des deux armées furent le résultat de ses excellentes combinaisons.

Un moment on résolut de tenter une bataille à Troyes, mais la position du maréchal Augereau sur le flanc gauche et sur les derrières de l'armée déconcerta tellement l'état-major général autrichien, qu'on fut sur le point de se retirer vers Chaumont et Langres et de former une armée du Sud, dont le rôle eût été de garantir les alliés contre les tentatives du maréchal.

Les opérations, depuis le 27 février jusqu'au 15 mars, contre les maréchaux Oudinot et Macdonald, sont marquées par des lenteurs continuelles ; les déclarations du prince Schwartzenberg, de même que les autres documents, prouvent suffisamment que c'était par peur de s'aventurer trop que l'on temporisait ainsi. Dès que les premières nouvelles de la marche de l'Empereur sur l'Aube arrivèrent au quartier général des alliés, une pluie d'ordres et de contre-ordres tomba sur les commandants de tous grades. Sa marche sur Arcis-sur-Aube suffisait pour faire abandonner à l'armée de Bohême ses positions menaçantes en se retirant sur Troyes; si Napoléon avait voulu faire rétrograder encore davantage le prince Schwartzenberg, il n'aurait eu qu'à se diriger sur Dieuville ou Joinville. Les armées réunies des alliés l'auraient suivi certainement sur Saint-Dizier le 24 mars, si des cir-

constances politiques n'avaient pas pesé aussi préjudicielle-
ment sur leur décision.

Cet attachement tenace aux règles et aux principes d'une
école surannée se manifestèrent aussi puissamment dans les
guerres postérieures. L'hésitation de prendre une offensive
vigoureuse, en 1859, facilita la jonction des armées française et piémontaise, et les défaites de Montebello, Magenta
et Solférino en marquèrent les conséquences.

L'irrésolution de 1866 permettra aux Prussiens de se concentrer, et la bataille de Kœniggratz sera le résultat de ces
tergiversations.

En second lieu viennent le manque de renseignements et
la pénurie de vivres qui accentuent encore, en la justifiant
jusqu'à un certain point, cette lenteur excessive. Tout pour
les généraux autrichiens est prétexte pour arrêter les mouvements offensifs. A noter, par surcroît, le service d'explo-
ration toujours inférieur à celui des autres puissances.
Toutes les tentatives faites pour reconquérir la Lombardie
en 1796 échouèrent à cause du manque de liaison entre les
différents corps.

En 1800, on ignorait complètement le plan du Premier
Consul; on ne l'apprit qu'après son exécution. Faute de
renseignements suffisants sur les intentions du général Bo-
naparte, Mélas hésita jusqu'à la bataille de Marengo. Les
opérations de l'archiduc en Bavière (1809), jusqu'à la
bataille d'Ekmühl, souffrirent beaucoup de cette absence du
service d'informations, et celles de l'archiduc Jean, en Italie,
et de l'archiduc Ferdinand, en Pologne (grand-duché de
Varsovie), perdirent, pour ces mêmes raisons, tous les
avantages qu'elles avaient obtenus au commencement de la
campagne.

Le manque de renseignements influa aussi, d'une façon
fâcheuse, sur les opérations en 1813 et en 1815. On put
constater que, du jour où la nouvelle de la bataille de Wa-

terloo arriva au quartier général, les colonnes austro-russes s'avancèrent avec une vitesse inaccoutumée.

En 1859, le combat de Montebello surprit les Autrichiens qui ne comptaient point en venir aux mains si vite, et le mouvement tournant, qui fut suivi par la bataille de Palestro, témoigne l'extrême négligence du côté du Feldreug-meïster Giulai.

Mais la plus dure leçon fut donnée à Ulm (1805). Les tâtonnements du maréchal Mack n'avaient d'autres causes que l'incohérence des nouvelles les plus contradictoires qu'il recevait sur la marche de l'armée française. C'est ainsi que toute l'activité de Mack fut paralysée par le fâcheux système de l'école autrichienne. On eut donc grand tort d'accuser le maréchal Mack d'avoir noué des intelligences avec l'ennemi ou d'avoir eu des velléités de trahison. Ce qu'il a fait, la plupart des autres chefs autrichiens l'auraient fait à sa place. Avec son incapacité, c'est le système de cette école, dont il était un fervent adepte, qui a été la cause de la capitulation.

La pénurie des vivres n'exerce pas une influence moins importante que le manque de renseignements sur les retards apportés dans la marche des opérations. Ce n'est pas à cause du défaut d'endurance du soldat autrichien. Non. Le soldat de la monarchie ne cède le pas à aucun autre en ce qui concerne la faculté de supporter les privations ; il y est accoutumé plus que n'importe qui. Mais l'infraction qu'on commettait aux règles stratégiques posées par les grands chefs austro-hongrois semble être si énorme qu'on ne pourrait pas la commettre sans risquer sa renommée militaire. Aussi voyons-nous dans toutes les guerres soutenues par la monarchie, à côté des autres causes de retard et de lenteur, celle de la pénurie des approvisionnements. Pour n'en citer qu'un exemple, nous rappellerons seulement les actes de l'état-major général autrichien pendant l'année 1814.

ORGANISATION DE L'ARMÉE

O du mein Osleweich !

Après les échecs de 1866, la monarchie austro-hongroise a adopté le principe du service obligatoire et personnel; elle a introduit, en même temps, le volontariat d'un an et commencé à pratiquer le système des congés et renvois anticipés. En un mot, l'armée austro-hongroise s'est moulée sur le modèle prussien.

La durée du service est de 22 années dont 3 ans sous les drapeaux, 7 ans dans la réserve de l'armée active, 2 ans dans la landwehr ou honved et 10 ans dans le landsturm, sorte de réserve de l'armée territoriale.

Les jeunes gens qui commencent à faire leur service dans la landwehr ou honved sans passer par l'armée active servent 12 ans dans la landwehr et 10 ans dans le landsturm. L'obligation du service commence dès que le citoyen est entré dans sa 19e année et dure jusqu'à la fin de la 42e. On obtient ainsi 23 contingents qui se répartissent ainsi qu'il suit : armée commune, 3 contingents, service actif (21-23 ans), 7 contingents de la réserve (24-30 ans), soit 10 contingents ; landwehr ou honved, 2 contingents, service actif (21-22, éventuellement 23-24 ans), 10 ou 8 contingents dans la réserve (23-32, ou 24-32 ans), et les deux contingents de 30 et 31 ans provenant de l'armée active ; landsturm, 2 contingents non exercés (19 et 20 ans) et 10 contingents de 32 à 42 ans. Cette division ne vaut que pour les hommes exercés ; les hommes sommairement instruits — une sorte d'imitation de l'Ersatzreserve allemande — ont une répartition différente. Ils sont, pendant 10 ans, à la disposition de l'armée active et 12 ans à la disposition des landwehrs ; en outre, tous les hommes, même non exercés, de 21 à 42 ans, restent à la disposition du landsturm. Toutefois, ces hommes sont d'une utilité fort contestable; ils ne peuvent pas être comptés dans la fixation des effectifs de l'armée austro-hongroise.

Jusqu'à la nouvelle loi militaire, le contingent annuel était de 95,474 hommes; depuis la nouvelle loi, il s'est augmenté de 7,626 hommes, c'est-à-dire de 103,100. Si nous comptons maintenant les classes qui ont servi depuis 1869-1889 à 95,477 hommes, et le contingent de 1890 à 103,100 hommes, et les 100,000 hommes directement enrôlés aux landwehrs, nous arriverons à 2,112,580 hommes exercés que l'Autriche-Hongrie est censée pouvoir mettre sur pied en cas de guerre. En réalité, elle ne les a pas. En effet, outre le déchet annuel qui atteint toutes les populations, la monarchie souffre beaucoup de l'émigration continuelle. Avec l'Allemagne, l'Autriche-Hongrie est l'État le plus éprouvé par cette maladie moderne. Si nous défalquons de l'effectif 20 0/0 — ce qui ne serait pas encore trop — nous trouvons que les forces mobilisables de la monarchie ne comptent pas plus de 1,690,040 hommes. C'est peu pour mettre 1,560,000 hommes en campagne — nombre que nous obtiendrions, si nous complétions les unités déjà existantes, ou dont la formation est prévue par les lois, règlements et ordonnances en vigueur.

L'armée austro-hongroise se divise donc en armée commune, en landwehr, fournie par les deux États de la monarchie, et en landsturm.

L'armée commune est placée sous les ordres du Ministre de la guerre commun, actuellement le baron Wesserheimb; la landwehr et le landsturm dépendent des Ministres de la guerre respectifs des deux États. En Hongrie, la landwehr porte le nom de honved et le landsturm celui de népfolkelés (prononcez népfeulquelèche).

L'armée commune est divisée en 15 corps d'armée, dont la composition est fort différente. Le II° corps (Vienne) a 3 divisions, et le I°ʳ corps (Cracovie) est à 2 divisions; le XV° corps (Serrajewo) à 2 divisions et 2 brigades indépendantes ; le XIVᵉ corps (Inspruck) à 2 divisions. Le Iᵉʳ corps possède en outre une division de cavalerie formée de 2 brigades à 24 escadrons ; le IIᵉ corps, une division de 2 brigades à 36 escadrons, et les XIᵉ corps (Lemberg) et Xᵉ corps (Vienne) une division de 2 brigades à 30 escadrons. Le IVᵉ corps (Budapesth) possède 2 brigades non endivisionnées et les XIIᵉ corps (Hermanstadt) et XVᵉ corps sont pourvus de cavalerie tout récemment.

La division d'infanterie est composée de 2 brigades, dont la force varie entre 5 et 7 bataillons.

Quant à la répartition par arme, on compte 104 régiments d'infanterie à 4 bataillons et un de dépôt, 32 bataillons de chasseurs, 10 bataillons de chasseurs tyroliens et 2 de dépôt et 4 bataillons bosniaques. La cavalerie comprend 41 régiments de cavalerie à 6 escadrons et 1 de dépôt. Il sera formé encore au courant de l'année 1890, 3 régiments de cavalerie. Ces 42 régiments se répartissent ainsi : 14 de dragons, 16 de hussards et 11 de uhlans (lanciers).

L'artillerie est divisée en groupes d'artillerie divisionnaires. Les régiments d'artillerie du corps d'armée sont réunis en brigades d'artillerie. Les premiers sont à 3 batteries lourdes, les seconds à 6 batteries dont 2 légères et éventuellement 2 batteries à cheval. Au total 226 batteries avec 1,776 pièces (1). Il y a 14 brigades d'artillerie.

Les 3 régiments du génie et des pionniers comprennent 15 bataillons et le train 110 escadrons en 3 bataillons. Les bataillons du génie se divisent en 4 compagnies ; les bataillons de chasseurs ont encore une compagnie de dépôt ; les batteries montées (lourdes et légères) sont à 8 pièces et 8 caissons ; les batteries à cheval à 6 pièces et 6 caissons.

L'armée commune comptera en conséquence 510 bataillons d'infanterie, 200 compagnies de chasseurs, 264 esca-

---

(1) Les régiments d'artillerie forment en outre des batteries de montagne à 8 pièces (13 au total).

drons de cavalerie, 226 batteries, 14 bataillons du génie et 110 escadrons du train.

D'après les dispositions réglementaires, la division d'infanterie serait composée en cas de guerre ainsi qu'il suit :

1° Un général commandant la division avec un état-major de division ;

2° Première brigade d'infanterie : *a*) le général de brigade (général-major) avec son état-major ; *b*) 1ᵉʳ régiment d'infanterie avec le commandant du régiment ; 3 bataillons, une section de pionniers, 40 chevaux de main, 6 fourgons aux cartouches (2 par bataillon) et les officiers du service du régiment ; *c*) le second régiment avec la même composition ; *d*) et un bataillon de chasseurs ;

3° La seconde brigade, la même composition ;

4° L'artillerie divisionnaire, 3 batteries ;

5° Une compagnie du génie avec 2 voitures des réquisitions ;

6° Le train de combat divisionnaire contenant : *a*) le train de l'état-major général de la division : 17 chevaux de main, 9 fourgons, une escouade d'infanterie d'état-major, 2 gendarmes de campagne, 6 cavaliers d'état-major, 2 sous-officiers et 2 hommes pour la presse et l'ordonnance ; *b*) le train de la compagnie du génie avec 3 voitures (1 pour la compagnie et 2 pour les réquisites ; *c*) 2 trains de la brigade contenant : *A*) 7 chevaux de main et 3 fourgons pour l'état-major de la brigade ; *B*) 6 chevaux de main et 5 voitures (3 pour les vivandiers et 2 pour les vivres) et éventuellement 2 voitures de paysans réquisitionnées par régiment ; *G*) 2 chevaux de main et 2 voitures pour le bataillon de chasseurs ; *D*) le train de l'artillerie divisionnaire ; 3 chevaux de main, 5 voitures (1 voiture des vivandiers, 1 de vivres et 3 de réquisites) avec les chevaux de réserve et éventuellement 6 voitures réquisitionnées ;

7° La cavalerie divisionnaire composée de 2 escadrons et le train de combat ;

8° Le train des bagages de la division qui comprend : *a*) l'établissement de santé (2 sections auxiliaires, 8 voitures de blessés ; section de pansement, 7 voitures de blessés, 4 autres voitures ; l'ambulance, 5 différentes voitures ; le matériel de réserve de santé, 2 voitures ; *b*) le parc de munition divisionnaire (20 caissons pour les pièces d'artillerie, 12 caissons pour les munitions d'infanterie), 2 laffettes, 5 différentes voitures ; *c*) le train des bagages (8 voitures pour l'état-major de division, 1 voiture pour la compagnie du génie, 17 voitures pour chaque régiment avec 15 animaux tués, 4 voitures pour les bataillons de chasseurs avec 5 animaux abattus, 14 voitures pour l'artillerie divisionnaire et 6 voitures pour la cavalerie) ;

9° Le train de manutention : *a*) trois sections de fourgons chacune à 51 ou 53 voitures ; ils se divisent en trois sections de manutention et contiennent 6 jours de vivres pour la division ; *b*) 92 animaux tués et 2 voitures.

Le corps d'armée serait composé des deux divisions d'infanterie, un régiment de cavalerie, l'artillerie du corps d'armée, deux compagnies du génie avec les trains respectifs, le magasin de manutention avec 9 jours de vivres.

La brigade de cavalerie est composée de 2 (quelquefois de 3) régiments de cavalerie avec une batterie à cheval. La division de cavalerie comprend ordinairement 2, exceptionnellement 3 brigades avec 2 batteries à cheval et les trains respectifs.

La honved hongroise comprend 94 bataillons de honved qui sont répartis en 28 demi-brigades formées en cas de guerre en 7 divisions.

La cavalerie de la honved compte 10 régiments de hussards à 6 escadrons, il en sera formé une division de cavalerie (la 5°) à Budapesth.

La landwehr compte 78 bataillons de landwehr qui seront réunis en cas de guerre en 22 régiments pour former éven-

tuellement 4 divisions avec 4 bataillons de chasseurs dal-
mates et 10 bataillons tyroliens pour la 5° division.

La cavalerie de la landwehr comprend 3 régiments de
lanciers et 3 de dragons. On a prétendu que les formations
complémentaires de la honved formeraient encore 3 divisions ; mais il est peu probable que la honved soit en état de
constituer les 7 divisions exigées, encore moins pourra-t-elle
organiser des formations complémentaires qu'il serait fort
difficile à mettre en état de mobilisation.

Le landsturm est divisé en deux bans, chacun de ces bans
comporte les mêmes formations que les landwehrs respecti-
ves ; l'artillerie, le génie et le train manquent. Au total 374
bataillons à 60 escadrons avec 100 bataillons du complément. Selon cet exposé on voit que la monarchie austro-
hongroise se propose de mobiliser 1,560,000.

Nous allons traiter dans le chapitre suivant les difficultés
que rencontrera la mise à exécution de cette tâche. Ici nous
ne nous occuperons uniquement que des principes de tactique
enseignés dans les établissements militaires et de la question
d'armement. Quant aux premiers, ils ne sont autre chose
que la copie des règlements allemands, tempérée toutefois
par le pédantisme et le formalisme légendaires des cercles
militaires autrichiens.

C'est ainsi que les règlements autrichiens ne laissent
qu'une liberté très limitée aux inspirations personnelles,
alors que les règlements allemands préconisent avec tant de
raison l'initiative individuelle. Les règlements autrichiens ont
encore le tort de conseiller toujours et d'imposer même les
moyens d'exécution. Un exemple suffira à démontrer le bien
fondé de notre critique : le règlement allemand traitant des
évolutions de combat pour les petites unités d'infanterie
(la compagnie, le bataillon et le régiment), ne prescrit aucune
formation et n'en conseille non plus aucune, tandis que le
règlement autrichien donne partout une formation type. Or,

je n'ai pas à insister sur le respect que les officiers autrichiens accordent aux injonctions supérieures.

Quant à la question de l'armement, elle agite la monarchie comme tous les autres Etats. Quoique l'infanterie soit déjà pourvue du fusil à répétition modèle 88, cet armement pourrait encore recevoir des modifications à cause de l'introduction de la poudre sans fumée. Le nouveau fusil actuellement employé a une baïonnette pareille à celle de l'armée allemande; elle ressemble à un long couteau. Le magasin contient cinq cartouches. Le déchargement du fusil se fait avec un grand bruit et une grande fumée. Je me rappelle qu'un bataillon de chasseurs, faisant ses exercices à Budapesth n'entendait pas le signal de « cessez le feu » donné par trois clairons. La culasse est assez intelligemment placée, c'est-à-dire justement sur la ligne de tir, mais le mécanisme à répétition est fort délicat et il arrive souvent que le fusil part seul principalement pendant la marche dans les lieux boisés. La provision de cartouches portées par l'homme est de 100 y compris celles du magasin.

La cavalerie est armée du sabre, du revolver à 6 coups et de la carabine. Celle-ci n'est pas à répétition. Tout récemment on a commencé à discuter l'armement de régiments avec la lance. Cette arme sera probablement introduite dans la cavalerie autrichienne d'après les procédés en usage dans l'armée allemande.

L'artillerie possède des canons se chargeant par la culasse, elle tire quatre sortes de projectiles : des obus à balles (Hohlgeschosse), des Shrapnels, des obus d'incendie (Brandgeschosse) et des boites à cartouches (Buchsenkartathschen). Les pièces sont du calibre de 8 centimètres et de 9 centimètres, les premières sont employées dans les batteries légères et à cheval, les secondes dans les batteries lourdes. La distance pour le tir des obus à balles est de 4,800 mètres et celle pour le jet 2,000 mètres; mais au delà de 2,400 mètres leur efficacité diminue beaucoup et l'observation des tirs est très difficile, la dissémination des balles est grande et la superficie couverte par les balles diminue aussi ; elle est à une distance de 2,400 mètres et à hauteur du but, seulement de 8 mètres. A noter que l'efficacité du tir est de beaucoup réduite sur une grande distance, à cause de la courbe très accentuée de la trajectoire ; beaucoup tombent sans nuire.

Aux distances de 1,600 mètres, leur efficacité et leur justesse sont grandes ; le tir est précis et rasant ; l'observation est facile ; les balles décrivent alors une courbe dont la flèche n'a que peu d'élevation. Les balles couvrent une aire de la forme d'un œuf avec 400 mètres de longueur et 240 mètres de plus grande largeur ; le maximum d'effet utile est obtenu, si l'explosion a lieu 40 — 24 mètres devant les troupes.

On emploie les obus à balles pour canonner les troupes, qu'on n'atteint pas avec les shrapnels, et aussi pour détruire les murs, barricades et autres couverts. Contre les troupes embusquées derrière des abris, on l'emploie aussi avec un faible chargement de poudre qui le projette au-dessus des parapets.

Le shrapnel possède une grande efficacité au delà de 2,400 mètres, mais on ne l'emploie que jusqu'à 1,600 mètres ; le shrapnel des pièces de 9 centimètres a 180 (les obus à balles 120) éclats, celui des pièces de 8 centimètres 120 (les obus à balles 80), il couvre de ses projectiles un terrain de la forme d'un œuf avec 720 mètres de longueur et 160 mètres de largeur. Si l'intervalle d'explosion comporte 120 — 160 mètres, ou bien 240 mètres, les éclats se disséminent beaucoup et font de grands ravages. Le tir avec les shrapnels marche lentement, parce qu'ils doivent être tempérés et ceux qui se trouvent déjà tempérés dans le laboratoire ne peuvent être employés que sur une distance de 480 — 800 mètres. Les obus d'incendie ressemblent aux obus à balles, ils renferment des matières très inflammables.

Les boîtes aux cartouches sont des boîtes en fer-blanc

cylindriques, contenant des balles d'antimoine de 20 milli-
mètres qui pèsent 45,5 grammes, elles seront ouvertes pendant le déchargement dans l'âme du canon ou à la sortie.
Elles ne seront employées que pour tirer de très près sur un
ennemi par trop entreprenant. La distance extrême est de
560 mètres, la limite d'efficacité 240 — 320 mètres.

Le chargement de l'avant-train est pour les pièces de
8 centimètres, 18 obus à balles et 18 shrapnels; pour les pièces
de 9 centimètres, 15 obus à balles et 15 shrapnels; celui des
caissons pour les pièces de 8 centimètres, 66 obus à balles
et 36 shrapnels pour les pièces 9 centimètres, 55 obus à balles et 30 shrapnels; le chargement du parc de munitions
(artillerie divisionnaire) avec celui des avant-trains et caissons comporte 3,020 obus à balles et 1,570 shrapnels.

L'artillerie de forteresse compte 12 bataillons à 6 compagnies, autant pour la défense des places que pour le service
des parcs de siège. Comme institution spéciale à l'armée
autrichienne, il faut citer les parcs de siège mobiles (mobile
Belagerungs, batterie Gruppe), destinés à suivre l'armée de
campagne. Ils sont au nombre de cinq : deux à Vienne, un
à Budapesth, un à Cracovie, un à Przsmyse (4 pièces de
12 centimètres et 8 mortiers de 15 centimètres).

MOBILISATION ET CONCENTRATION

« Quidquid agis, prudenter agas
et respice finem. »

Nous avons vu, dans les précédents chapitres, que la monarchie austro-hongroise possédait 1,690,000 hommes exercés et qu'il lui manquait 1,560,000 hommes pour compléter ses cadres. Ce n'est donc qu'au prix d'un effort extraordinaire qu'elle arrivera à résoudre ce difficile problème.

En 1866, l'Autriche avait déjà une armée de 680,000 hommes, et, cependant, elle ne put jamais amener sur les deux théâtres de la guerre plus de 400,000 hommes. Or, à cette époque, le nombre des soldats exercés comptant à l'effectif était beaucoup plus élevé que celui des hommes enrôlés, ce qui était fort avantageux et assurait le recrutement dans d'excellentes conditions.

Aujourd'hui, il n'en est plus ainsi, et si, relevant sur les documents officiels le nombre des hommes exercés réellement disponibles et celui dont l'Autriche aurait besoin pour compléter son armée, pour la mettre sur le pied de guerre, nous comparons ces données avec celles que nous avons recueillies sur les autres grandes puissances européennes, nous restons frappés d'étonnement.

Ainsi, l'Allemagne qui possède 3,100,000 hommes exercés n'a pas l'intention — à ce qu'il est permis de croire du moins, d'après des indices certains — de mobiliser, en cas de guerre, plus de 1,800,000 hommes.

De son côté, la France qui peut compter sur un appoint de 2,700,000 soldats exercés n'en prendra certainement, pour l'armée en campagne, pas plus de 1,750,000.

Quant à la Russie, sur ses 3,800,000 soldats exercés, elle n'en prélèvera que 2,400,000 pour mettre son armée sur le pied de guerre.

Seule, l'Italie est, sous ce rapport, dans une situation aussi désavantageuse que l'Autriche-Hongrie ; elle qui se flatte de lever, en cas d'un conflit européen, 1,150,000 hommes, alors qu'elle ne peut pas compter sur 1,200,000 soldats à peu près exercés.

La monarchie austro-hongroise rencontrerait des difficultés non moins grandes quand il s'agirait de mobiliser ses réserves.

C'est ce qui explique pourquoi elle veut éviter à tout prix une conflagration. Et elle s'est si bien pénétrée de cette idée qu'elle pouvait, grâce à la triple alliance, empêcher tout conflit, qu'elle a négligé, jusqu'au dernier moment, de se préparer en vue de l'éventualité d'une guerre européenne.

C'est seulement en 1886 qu'on a commencé à considérer la situation comme véritablement grave et que l'on s'est décidé à parer aux éventualités menaçantes par une foule de lois et de décrets tendant à améliorer ce qui était bien et à réformer ce qui était reconnu défectueux dans l'organisation générale des forces nationales.

On a beaucoup fait — il faut bien le reconnaître — dans la dernière période triennale, mais il reste encore beaucoup à faire surtout en ce qui concerne la mobilisation proprement dite.

Si l'on en croit les déclarations du grand état-major impérial et royal, on compterait à Vienne que la mobilisation et la concentration pourraient être achevées le vingt-cinquième jour après la déclaration de guerre ; mais nous allons démontrer combien cette espérance est peu fondée.

On table généralement sur cette donnée qu'en France et en Allemagne la mobilisation exigerait cinq journées qui se répartissent ainsi :

1re journée : transmission de l'ordre de mobilisation, soit par voie de dépêche, soit par voie d'affiches placardées dans les différentes communes ;

2ᵘ et 3ᵉ journées : arrivée des réservistes obligés de se présenter à divers bureaux ;

4ᵉ et 5ᵉ journées : Opérations nécessitées par l'habillement, l'équipement et l'armement, l'organisation des trains, etc., etc.

C'est, jusqu'ici le plus court délai obtenu pour l'accomplissement de ces trois phases de la mobilisation.

Voyons maintenant ce qui se passerait dans l'armée austro-hongroise pendant cette même période.

Tout d'abord la première phase, en Autriche, durerait beaucoup plus longtemps par suite d'une diminution notable de rapidité dans la transmission des ordres de mobilisation.

Les lignes télégraphiques sont rares là-bas, et nous connaissons nombre de régions qui en sont totalement dépourvues sur une étendue de 100 kilomètres et plus. Dans les pays boisés ou montagneux, les difficultés de communication sont très grandes, et, même dans les pays plats de la Hongrie, les routes, en temps de pluie, sont dans un tel état, qu'elles ne peuvent assurer les communications entre les communes voisines.

On voit par ce qui précède que l'ordre de mobilisation ne pourrait point arriver aussi vite en Autriche qu'en Allemagne ou en France. Sauf peut-être dans le nord-est de la Bohème et la Silésie, il faudrait plus de 48 heures pour que tout le monde fût averti.

La pénurie de voies ferrées sera également, pour le rassemblement des réservistes, une cause de retard d'autant plus grand que les districts de recrutement ont plus d'étendue. En effet, la longueur de ces districts, pour les régiments d'infanterie, varie de 80 à 160 kilomètres ; celle des régiments de cavalerie est au moins du double. Quant à l'artillerie, on sait qu'elle se recrute seulement dans quatorze districts, occupant tout le territoire de la monarchie.

D'un autre côté, si l'on emploie le chemin de fer pour la concentration des parcs et des équipages, les réservistes ne pourront plus arriver que le quatrième jour de la notification de l'ordre de mobilisation. Par suite, en évaluant — et c'est le minimum — à quatre autres jours le temps nécessaire à la distribution aux réservistes de l'habillement, de l'équipement et de l'armement, on trouve que c'est seulement le dixième jour après la déclaration de guerre que la monarchie pourra disposer des hommes appelés à la défendre.

Mais la concentration ne commencera pas aussitôt, grâce au système défectueux qui a présidé à l'organisation des brigades d'infanterie et à l'éparpillement des bataillons.

Dans le chapitre précédent, nous avons dit que, régulièrement, les brigades devaient être à sept bataillons, dont un de chasseurs ; or, comme les régiments sont à quatre bataillons, il faut, pour former la brigade, emprunter des unités à plusieurs régiments.

Exemple : La 50ᶜ brigade comprend, savoir : les 4 bataillons du régiment d'infanterie n° 84 ; 1 bataillon de chasseurs constitué avec une compagnie prise dans chacun des bataillons portant les nᵒˢ 10, 15, 21 et 26 ; enfin 2 bataillons du régiment du génie n° 2.

Autre exemple : La 1ʳᶜ brigade, elle, est composée du 1ᵉʳ bataillon du régiment n° 1, de 3 bataillons du régiment n° 23, 1 bataillon du régiment n° 37, 1 bataillon du régiment n° 71, plus le bataillon de chasseurs.

On voit quelle lenteur occasionnera ce vice d'organisation, si l'on considère que 48 régiments ont des bataillons détachés à plus de 300 kilomètres de l'état-major et souvent même dans des corps d'armée différents.

Outre les bataillons qui composent le XVᵉ corps (Serajewo), 28 bataillons sont placés dans des régions de corps d'armée en dehors de celle où se trouvent leurs districts de recrutement. C'est ainsi que le régiment n° 11, qui se recrute à Pisek (Bohême), n'a dans cette province qu'un seul de ses bataillons, alors que les trois autres sont en garnison dans le Tyrol. Nous pourrions citer encore le régiment n° 61 de Temesvar, dont trois bataillons sont embrigadés dans le XIII° corps, et le régiment n° 83, qui a trois de ses bataillons avec état-major à Vienne, tandis qu'un seul reste à Weiss-Kerchen, chef-lieu de son district de recrutement.

Par suite, attendu que les régiments ne constituent pas des unités réelles, on est bien forcé d'attendre, pour commencer la concentration, que la formation des brigades soit achevée; et, comme les bataillons des régiments sont dispersés, il faut un temps considérable pour leur fournir le complément d'effectif nécessaire à leur mise sur le pied de guerre.

Tablons donc encore de ce chef sur un retard de douze jours pour la mise en route d'au moins 80,000 hommes, ce qui est peu si l'on tient compte de la longueur du chemin à parcourir, de la durée des embarquements et débarquements et aussi des arrêts éventuels.

Donc, le douzième jour seulement après la déclaration de guerre pourraient commencer la concentration et le mouvement en avant vers la frontière.

Cette situation est déplorable si on la compare à celle des armées allemande et française ; mais, en réalité, le retard serait encore plus considérable très probablement, parce que nous avons toujours pris les choses au mieux, et que nous avons négligé certaines circonstances défavorables, telles que la faiblesse des effectifs de beaucoup de compagnies, qui ne comptent que 67 hommes dans le rang en temps de paix, et l'organisation incomplète de 14 divisions d'artillerie, qui n'ont que deux pièces.

C'est bien plus tard, beaucoup plus tard encore, que la honved hongroise et la landwehr pourront entrer en ligne. Et cela s'explique naturellement, d'abord par l'étendue exagérée des districts de recrutement, le territoire étant divisé en 102 districts pour subvenir à la levée de 50 régiments, dont la plus grande partie sont à trois bataillons. Pour la cavalerie et l'artillerie c'est encore pire, puisque la première compte 16 régiments et la seconde 14 divisions.

La seconde raison, c'est la nécessité de compléter les cadres encore plus dégarnis que dans les corps de l'armée active, ce que l'on ne peut faire qu'en mettant plusieurs classes à contribution : encore n'obtiendrait-on pas des résultats satisfaisants au point de vue de la qualité surtout.

En Hongrie, on a compris l'importance de ce vice d'organisation, et on a cherché à y remédier par la formation des cadres de compagnie, qui n'existaient pas jusqu'à ce jour ; mais en Autriche on n'a rien fait, aussi serait-ce puéril de parler des cadres existants.

Bref, l'étendue des districts de la landwehr étant double de celle des districts de l'armée active, il faudra naturellement employer le double de temps pour les rassembler, soit huit jours au lieu de quatre. De plus, si l'on tient compte de la pénurie des cadres dans l'artillerie, qui ne peut atteler que deux pièces par batterie, il est évident que les troupes de landwehr ne seront prêtes à se porter sur la frontière que cinq jours plus tard.

Pendant ce temps, on aura largement le temps d'obtenir de la Diète de Budapesth l'autorisation sans laquelle on ne peut employer les troupes de la honved hors des frontières de l'empire.

Donc l'armée active serait mobilisée le 12e jour de la déclaration de guerre et les landwehrs le 17e. Quant au landsturm, nous avons déjà dit au commencement de ce chapitre que nous considérons comme impossible de le mettre sur pied de guerre par suite de l'absence totale de cadres.

Il ne peut, en conséquence, être question d'une mobilisation régulière du landsturm. Si on en rassemble les éléments, on ne pourra les utiliser qu'à combler les vides faits par la guerre dans l'armée de campagne. Dans tous les cas, en supposant qu'on parvienne à le mobiliser, il n'entrerait jamais en ligne que 25 à 30 jours après l'armée active, c'est-à-dire au moment où le résultat des opérations serait déjà définitif.

Nous avons vu combien de difficultés devrait surmonter l'armée avant d'être mobilisée ; voyons maintenant de quelle manière s'en effectuerait la concentration.

Avant tout nous devons dire que l'insuffisance de chemins de fer vient encore accroître les difficultés de la mobilisation au lieu d'en compenser les désavantages.

Le nombre des lignes, ni celui des voies, ni celui des locomotives et des wagons ne répond aux besoins urgents. On a dernièrement quelque peu amélioré cette situation sur les lignes qui mettent directement en relation la Hongrie avec la Galicie.

On s'efforce aussi d'arriver au résultat désiré par la pose d'une double voie et par l'augmentation du matériel roulant, mais achèterait-on 1,200 wagons et 200 locomotives, comme on en a le projet, que cela ne suffirait pas.

Pour transporter l'armée sur la frontière russe (en tablant sur 1,000,000 d'hommes, 280,000 chevaux et 3,500 voitures), il ne faudrait pas moins de 2,800 trains ; or, on ne possède que 350 locomotives, et les lignes sont presque toutes à voie unique. Ce dernier vice suffirait à lui seul pour entraver la concentration.

En supposant même que le nombre de locomotives et wagons disponibles soit en rapport avec les exigences de la concentration, les divers corps n'en rencontreraient pas moins des difficultés plus ou moins insurmontables à effectuer leur mouvement en temps opportun.

Pour démontrer le bien fondé de cette assertion, nous allons donner un aperçu du travail de concentration pour chacun des douze corps d'armée. Nous ne tablerons que sur ce chiffre, parce que nous croyons devoir éliminer les XIIe, XIIIe et XVe corps, forcés de demeurer sur le territoire de la monarchie.

Le 1ᵉʳ corps aurait, après ses douze jours de mobilisation, à réunir les deux brigades destinées à constituer la
5ᵉ division; ces deux brigades sont respectivement à Olmutz
et Troppau; pour les grouper, il faudrait donc pour chacune
d'elles vingt à vingt-quatre heures (distance à parcourir,
dix heures; longueur des trains, six heures; durée d'embarquement et de débarquement, quatre heures); également
un ou deux jours seraient ensuite nécessaires pour
mettre le corps en état de repousser les attaques de l'ennemi ou de commencer l'offensive. C'est donc le quinzième
jour de la déclaration de guerre que le 1ᵉʳ corps serait en
état d'entreprendre ses opérations.

Le 10ᵉ corps (Przemyls) est plus favorisé; en effet, non seulement il ne lui faut que vingt-quatre heures pour la réunion
de ses brigades, mais encore sa concentration même le poste
sur sa ligne de déploiement, puisque la 2ᵉ division (Jaroslaw)
se trouve tout à fait à proximité de la frontière.

Le 11ᵉ corps (Lemberg) n'aura besoin que de vingt-quatre
heures pour le groupement de ses brigades (la 60ᵉ est à Cze-
rowitz) et de deux jours pour la prise d'une position militaire, couvrant le débouché du 6ᵉ corps (Kaschau ou
Kochicze) par la ligne Munkaes-Stry. Cette position domine
un angle dont le sommet touche Lemberg; la 60ᵉ brigade
abandonne ainsi la Bukowine aux partis de Cosaques, ce qui
n'aura pas d'ailleurs un grand inconvénient pour la concentration des corps hongrois. C'est donc le quinzième jour que
la ligne de déploiement de l'armée austro-hongroise serait
suffisamment protégée contre toute tentative de la cavalerie
russe. A noter que celle-ci serait à peu près impuissante à
gêner la mobilisation des troupes galiciennes, qui ont déjà,
en temps de paix, un effectif assez élevé pour se faire res-
pecter; il n'y aurait, en somme, que le 11ᵉ corps qui en souf-
frirait, puisque sa mobilisation peut en être retardée d'un ou
deux jours.

Le 2ᵉ corps (Vienne), avec ses trois divisions d'infanterie

et ses divisions de cavalerie, aura deux lignes á sa disposition pour se porter à la position : la ligne Lundenburg-Hullein Jaybusch-Neu-Sandec-Tarnow et la ligne Znaim-Brunn-Olmutz-Oderge Krakau (Cracovie)-Tarnow. Il lui faudrait cinq jours pour arriver à Tarnow (160 trains), trente heures pour parcourir la distance et dix heures pour l'embarquement et le débarquement, plus vingt-quatre heures pour prendre position. Le 2ᶜ corps serait donc prêt à prendre l'offensive le dix-huitième jour après la déclaration de guerre.

Le 3ᵉ corps (Graz) peut employer deux lignes : la ligne Villach-Klagenfurt-Brucka-M.-Vienne et Trieste-Laibach-Gratz-Steinamanger-Odenburg-Vienne, et de Vienne les deux lignes employées par le 2ᶜ corps, en s'arrêtant à Neu-Sandec ou Przemysl. Il aurait besoin à cet effet de sept jours (deux jours longueur des trains au nombre de 110, quarante-huit heures distance à parcourir, trois jours et demi, retard subi par le transport du 2ᶜ corps et dix heures de débarquement et d'embarquement). En lui accordant en plus vingt-quatre heures pour prendre position, on peut compter que ce corps serait disponible le vingtième jour.

Le 4ᶜ corps (Budapesth) dispose de deux lignes jusqu'à Budapesth : la ligne Neusatz-Budapesth, et celle Fünfkirchen-Budapesth ; de Budapesth une autre ligne lui est ouverte, celle de Budapesth-Miskoler-Kassa-Neu-Sandec-Sambor. Treize jours lui seraient nécessaires pour le mobiliser (deux jours longueur des trains jusqu'à Budapesth et sept jours de longueur de Budapesth, soixante heures de distance, un jour de retard résultant du transport du 6ᵉ corps et douze heures de débarquement et d'embarquement). En employant encore deux jours pour la prise de position, le 4ᶜ corps serait disponible le deuxième jour après l'ordre de la mobilisation.

Le 5ᶜ corps (Presbourg) possède deux lignes jusqu'à Presbourg : la ligne Gr.-Kamjiroa-Budapesth-Gran-Presbourg et la ligne Steinamanger-Raab-Vienne-Presbourg ;

à partir de Presbourg, il n'a plus à son service qu'une seule ligne à simple voie, Presbourg-Irenesin-Sillein-Neu-Sandec-Chyrow. Il lui faudrait par suite quinze jours et demi pour se mobiliser (deux jours longueur des trains jusqu'à Presbourg, un jour longueur des trains jusqu'à Chirow, trois jours retards subis par les transports des 2e, 3e et 4e corps, soixante heures durée de traversée et vingt-quatre heures durée du débarquement et de l'embarquement qui devrait se renouveler à Budapesth); en admettant qu'il lui faille deux jours pour la prise de position, on comprendra que le corps ne serait disponible qu'après vingt-neuf jours et demi.

Le 6e corps (Kaschau ou Kochitz) dispose de trois lignes : Kaschau-Neu-Sandec, Miskoler-Zaluz et Mimkacs-Stryj ; il pourrait encore employer la ligne transversale Neu-Sandec-Sambor-Stryj, pour prendre position autour de Stanislau. Il lui faudrait, à cet effet, cinq jours (deux jours longueur des trains, trente heures de distance et douze heures durée de débarquement et d'embarquement); en se contentant d'un seul jour pour la prise de position, il serait disponible le dix-septième jour.

Le 7e corps (Temesvar) a le libre usage de deux lignes jusqu'à Stryj : la première, Orsova-Temesvar-Arad-Gaba-Grosswardein-Szatmar-Munkacs-Stryj et la seconde, Weisskirchen-Temesvar-Szegedin-Srolnok-Debreezen-Tokay-Sambor ; il emploie donc seulement huit jours à se concentrer (quatre jours longueur de trains, soixante heures pour la distance, un jour pour le retard causé par le transport du 6e corps, douze heures de débarquement et d'embarquement); en comptant deux jours pour la prise de position, on voit que le corps sera disponible le vingt-deuxième jour.

Le 8e corps (Prague) semble plus favorisé : quatre lignes convergent sur Prague et deux lignes conduisent à Cracovie : l'une, Prague-Olmutz-Oderberg, l'autre, Budweis-Iglau-Brunn-Saybusch; pour effectuer sa concentration vers Cracovie, il lui faut neuf jours (un jour longueur de colonne

jusqu'à Prague, deux jours longueur des trains jusqu'à Cracovie, éventuellement Bochnia, trente heures distance à
parcourir, dix-huit heures durée d'embarquement et de
débarquement, quatre jours pour les retards motivés par le
transport des 2e et 3e corps d'armée); en employant un jour
pour sa prise de position, le corps sera prêt à combattre le
vingt-deuxième jour.

Le 9e corps (Josefstadt) pourrait utiliser deux lignes : l'une
autrichienne, Josefstadt-Troppau-Oderberg ou Ratibor-Mi-
plowitz-Cracovie; l'autre allemande, Theresienstadt, Glatz-
Gleiwitz-Cracovie; pour ses transports stratégiques, cinq
jours et demi lui suffiraient (trois jours longueur des trains,
vingt heures de distance, un jour retards éventuels causés
par la mobilisation allemande et douze heures de durée d'embarquement et de débarquement); en ajoutant un jour pour
la prise de position, ce corps serait disponible après dix-huit
jours et demi.

Le 14e corps enfin pourrait effectuer ses transports par
deux lignes : la ligne Feldkirch-Insprük-Salzburg-Luir-Bud-
weis, où elle rejoindrait la ligne suivie par le 9e corps, et la
ligne Ala-Klagenfurth-Leoben-Amstetten-Znaïm, où elle
rejoindrait la ligne suivie par les 2e et 3e corps ; pour ces
divers mouvements, il lui faudrait dix jours (deux jours
longueur des trains, soixante-douze heures de distance,
quatre jours et demi des retards subis par le transport des
9e et 3e corps et douze heures durée d'embarquement et de
débarquement); en comptant un jour pour la prise de position, il serait disponible après vingt-trois jours.

Quant à la concentration des divisions de landwehr et de
honved, elle ne pourrait avoir lieu qu'après celle de l'armée
active : d'abord, parce que ces troupes ne seraient prêtes
qu'après celles de l'armée active, et puis, parce qu'on se
préoccuperait plutôt de transporter les meilleures troupes
que les pires.

C'est seulement en Galicie et en Silésie que l'on pourrait

essayer de réunir par voie de terre les sept régiments d'infanterie et les trois de cavalerie de la landwehr pour en former deux divisions attachées aux 1er et 11e corps.

La division de landwehr attachée au 8e corps ne le rejoint que le vingt-quatrième jour de la déclaration de guerre ; elle ne sera disponible que le vingt-sixième ; la division du 9e corps sera prête le vingt-deuxième, celle du 3e corps le vingt-septième et celle du 14e corps le trente-troisième.

Les divisions de honved seraient disponibles encore plus tard, savoir : celle de Budapesth le trente-quatrième jour, celle de Szegedin le vingt-neuvième, celle de Kaschau le vingt-cinquième, celle de Pressbourg le trente-septième et et celle de Stuhlweisenburg le quarante-et-unième jour de la déclaration de guerre.

Les troupes destinées à opérer sur le théâtre de guerre du Sud effectueraient donc leur concentration dans un délai plus court, ce qui s'explique par cette raison qu'elles n'auraient pas à effectuer de mouvement à grande envergure ; toutefois, vu l'insuffisance des voies de communication, il leur faudra au moins six jours avant d'être en mesure de commencer les opérations éventuelles (deux jours longueur des trains, un jour distance, un jour durée d'embarquement et de débarquement et deux jours pour la prise de position).

Les 12e et 13e corps, de même que les troupes stationnées en Dalmatie (3 bataillons actifs, 4 de landwehr) seraient prêtes à agir après le dix-huitième jour ; leurs divisions de honved les rejoindraient six jours plus tard. Quant au 15e corps, dans le cas où il serait forcé de prendre part aux opérations dès le début, il n'aurait qu'à bien utiliser le temps qui lui resterait libre, une fois sa mobilisation effectuée, pour prendre judicieusement ses positions de combat. En tenant compte de toutes les causes éventuelles de retard susceptibles de se produire, on arrive à cette conclusion que le 15e corps pourrait être considéré comme disponible seulement à partir du dix-neuvième jour après la déclaration de guerre.

LES PREMIÈRES OPÉRATIONS

Le moment est venu de vaincre ou de périr.

Voilà donc la guerre déclarée; l'armée austro-hongroise garnit les confins de la Galicie et le mouvement en avant peut commencer d'un moment à l'autre. Avant le branlebas général, jetons un coup d'œil sur les positions et examinons le plan de campagne des troupes autrichiennes.

Douze corps d'armée sont répartis sur un espace de 300 kilomètres; ils semblent former trois groupes distincts.

Ire ARMÉE

Ier corps : 34 bataillons actifs. 15 bataillons de landwehr = 49 bataillons. — 24 escadrons actifs, 14 batteries actives et 3 batteries de landwehr. Total : 49 bataillons, 24 escadrons et 17 batteries = 53,000 hommes (infanterie et cavalerie) et 132 canons.

VIIIe corps : 29 bataillons actifs et 14 bataillons de landwehr = 43 bataillons. — 12 escadrons actifs, 12 batteries actives et 3 batteries de landwehr. Total : 43 bataillons, 12 escadrons et 15 batteries = 45,000 hommes (infanterie et cavalerie) et 120 canons.

IXe corps : 29 bataillons actifs et 13 bataillons de landwehr = 42 bataillons. — 12 escadrons actifs, 12 batteries actives et 3 batteries de landwehr. Total : 42 bataillons, 12 escadrons et 15 batteries = 44,000 hommes et 120 canons.

Total pour la Ire armée : 142,000 hommes et 372 canons, soit 134 bataillons (92 actifs et 42 de landwehr), 48 escadrons et 47 batteries (36 actives et 9 de landwehr).

IIe ARMÉE

IIe corps : 46 bataillons actifs, 24 escadrons actifs, 14 batteries actives et 3 de landwehr = 50,000 hommes et 132 canons.

IIIe corps : 30 bataillons actifs et 14 bataillons de landwehr = 44 bataillons. — 12 escadrons actifs, 12 batteries actives et 3 batteries de landwehr. Total : 44 bataillons, 12 escadrons et 15 batteries = 46,000 hommes et 120 canons.

Xe corps : 31 bataillons actifs, 14 bataillons de honved = 45 bataillons. — 30 escadrons actifs et 30 escadrons landwehr = 60 escadrons. — 14 batteries actives et 3 batteries landwehr. Total : 45 bataillons, 60 escadrons et 17 batteries = 55,000 hommes et 132 canons.

XIVe corps : 21 bataillons actifs, 26 bataillons de landwehr (y compris les 10 bataillons tyroliens) = 47 bataillons. — 6 escadrons actifs, 6 escadrons de landwehr, 12 batteries actives et 3 batteries de landwehr. Total : 47 bataillons, 12 escadrons et 15 batteries = 49,000 hommes et 120 canons.

Total pour la IIe armée : 200,000 hommes et 504 canons, soit 182 bataillons, dont 54 de landwehr ; 108 escadrons, dont 36 de landwehr, et 66 batteries, dont 12 de landwehr.

IIIe ARMÉE

IVe corps : 31 bataillons actifs, 14 de honved = 45 bataillons. — 24 escadrons actifs et 12 escadrons de honved, 14 batteries actives et 3 de honved. Total : 45 bataillons, 36 escadrons et 17 batteries = 51,000 hommes et 132 canons.

Ve corps : 23 bataillons actifs et 13 de honved = 36 bataillons. — 12 escadrons actifs et 12 de honved, 14 batteries actives et 3 de honved. Total : 36 bataillons, 24 escadrons et 17 batteries = 40,000 hommes et 132 canons.

VIe corps : 26 bataillons actifs et 13 de honved = 39 bataillons. — 12 escadrons actifs et 12 de honved, 14 batteries actives et 3 de honved. Total : 39 bataillons, 24 escadrons et 17 batteries = 43,000 hommes et 132 canons.

VIIe corps : 24 bataillons actifs et 14 de honved = 38 bataillons. — 12 escadrons actifs et 12 de honved, 14 batteries actives et 3 de honved. Total : 38 bataillons, 24 escadrons et 17 batteries = 42,000 hommes et 132 canons.

XIe corps : 30 bataillons actifs et 14 de landwehr = 46 bataillons. — 30 escadrons actifs, 14 batteries actives et 3 de landwehr. Total : 46 bataillons, 30 escadrons et 17 batteries = 54,000 hommes et 132 canons.

Total pour la IIIe armée : 230,000 hommes et 660 canons, soit 204 bataillons (70 de honved et landwehr), 138 escadrons (48 de honved), 85 batteries (15 landwehr et honved).

La cavalerie sera groupée en divisions indépendantes de 24 à 36 escadrons.

Au total donc, outre les 140,000 hommes de dépôt, l'Autriche-Hongrie aura au Nord 572,000 combattants avec 1,536 canons; toutefois, au commencement des hostilités, les 5 divisions de honved manqueront encore, ce qui donne pour le trentième jour 496,000 hommes, avec 1,416 canons.

La première armée a son centre à Cracovie, elle groupe trois corps : le 1er à Cracovie, le 8e à Tarnow et le 9e à Neu-Sandec. Elle dispose en première ligne les 1er et 8e corps et en deuxième ligne le 9e.

La seconde armée se forme autour de Jarosland ; elle comprend : le 2e corps à Rzeszow, le 3e à Przemysl, le 10e à Jarosland, le 14e à Sadowa entre Przemysl et Lemberg.

La troisième armée entoure Lemberg ; elle compte cinq corps d'armée: le 4e à Stryj, le 5e à Sambor, le 7e à Stanislau (ces corps constituent la seconde ligne et la réserve), le 11e corps à Lemberg et le 6e à Tarnopol forment la première ligne.

La première armée aura pour mission de s'avancer sur la rive gauche de la Vistule, en repassant ce fleuve sur les ponts de Pulavy et Josefov si l'investissement d'Iwangorod n'est pas jugé nécessaire. Dans le cas contraire, c'est à ces troupes qu'incomberait le blocus de cette place sur les deux rives; elles pousseraient éventuellement des pointes sur Varsovie pour donner la main· aux Allemands. Peut-être aussi se proposera-t-on de laisser seulement des troupes d'observation devant les places fortes de la Vistule, afin de pouvoir marcher rapidement dans la direction de Brest-Litewski, et prendre part à la grande bataille qui sera livrée dans ces environs, soit pour assister les Allemands, soit pour obtenir un résultat décisif avant que l'armée russe n'ait pu s'échapper derrière les marais de Pinsk.

La seconde armée formera l'aile gauche de la masse principale; elle s'avancera directement par la trouée qui existe entre Iwangorod et Brest-Litowski afin de forcer l'armée russe à abandonner les positions choisies pour empêcher la jonction des armées autrichiennes et allemandes. A cet effet, elle tournera l'armée russe à gauche et manœuvrera pour la forcer à se replier sur sa seconde position Czerweny-Bor-Brest-Litewski. L'armée russe pourra y être prévenue soit par la troisième armée qui devrait, dans ce cas, s'avancer à marches forcées sur Brest-Litewski, soit par la deuxième qui devrait alors se jeter dans l'intervalle compris entre Czerweny-Bor et Brest-Litewski avant que les troupes russes qui défendraient la ligne de la Narew contre les Allemands y aient pris position.

Au troisième groupe enfin incombe la mission de flanquer la seconde armée, de participer à la grande bataille éventuelle sous les murs de Brest-Litewski et d'atteindre cette place avant les troupes russes qui viendraient du Sud; elle doit, en conséquence, occuper avant tout Loutschk, centre des voies de communication entre Varsovie-Odessa-Kiew. La réalisation de ce pogramme exige que les douze corps soient tous disponibles; le mouvement en avant ne pourra donc commencer que le trentième jour de la déclaration de guerre, d'autant plus qu'avant cette date, le nombre des troupes serait trop insuffisant pour effectuer une manœuvre rapide et décisive et que cette précipitation risquerait de trahir les intentions du quartier général.

Laissons pour le moment les Austro-Hongrois et voyons quelles sont les mesures que les Russes pourraient prendre pour déjouer les calculs de l'état-major viennois et rendre inutiles les efforts que tenteraient les Allemands pour les faire aboutir. Mais auparavant nous allons indiquer quel rôle ceux-ci peuvent être appelés à jouer sur ces théâtres d'opérations.

L'Allemagne mettra à la disposition de son alliée quatre corps d'armée : le 1er (Kœnisberg), le 2e (Stettin), le 5e (Posen) et le 17e (Dantzig). On a prétendu que l'armée auxiliaire de l'Allemagne comprendrait encore le 6e (Breslau) et le 12e corps (Dresde); mais, nous ne le pensons pas. En fournissant à l'Autriche un contingent aussi élevé, l'Allemagne affaiblirait par trop son armée du Rhin et s'exposerait, par suite, à un échec sérieux sur la frontière des Vosges.

Ces quatre corps disposent pour leur concentration de neuf lignes dont quatre à deux voies, ce qui équivaut à douze lignes à une voie. Ces lignes se répartissent ainsi : pour le 1er corps : 1) Memel-Insterburg-Lyck, 2) Kœnigsberg-Insterburg-Kroschen-Lyck, 3) Allenstein-Lyck; pour le 2e : 1) Stettin-Conitz-Danzig-Marienburg-Deutsch-Eylau, 2) Colberg-Stolpe-Danzig-Braünsberg-Allenstein, 3) Bromberg-Graüdenz-Sablonowo ; pour le 5e : 1) Glogau-Posen-Schneidemühl-Bromberg-Graüdenz-Deutsch-Eylau, 2) Posen-Guesen-Inowraslaw-Thorn-Sablonowo, 3) Guesen-Inowraslaw-Thorn-Soldau et pour le 17e : 1) Danzig-Elbing-Allenstein, 2) Danzig-Kœnigsberg-Kroschen-Allenstein, 3) Graüdenz-Deutsch-Eylau-Allenstein.

La mobilisation exigera 5 jours, les transports stratégiques 4 jours 1/2. Les quatre corps seraient donc disponibles neuf jours et demi après la déclaration de guerre. Leur ligne de déploiement s'étendrait entre Lyck et Soldau, avec les réserves à Deutsch-Eylau. Leur but serait de percer la ligne de défense russe derrière la Narew et de donner la main aux Autrichiens.

Cette manœuvre est conforme aux grands principes de stratégie allemande; c'est ainsi que les Allemands pourraient tirer les plus grands avantages de la rapidité de leur mobilisation et de leur concentration; c'est ainsi qu'ils pourraient éventuellement bouleverser le dispositif russe derrière la Narew et même, peut-être, devancer l'ennemi sur sa seconde ligne.

On parle cependant d'un autre plan beaucoup plus modeste. Il consisterait à surveiller la formation des troupes russes sur la Narew et le Bug et à consacrer le temps que l'armée austro-hongroise emploierait à sa concentration, au siège de Novo-Georgewsk ; ce plan répondrait mieux au goût autrichien que le premier.

La mobilisation de l'armée russe sur la frontière austro-allemande et en général dans tout le gouvernement militaire de Varsovie exige douze jours de labeur. En effet, si nous comparons les moyens de communication et les distances à parcourir des deux côtés des frontières, nous constatons que les Russes et les Austro-Hongrois se trouvent dans une situation à peu près identique. En comptant donc, en sus des douze jours de mobilisation, trois jours pour la concentration, la Russie pourrait mettre en ligne, le quinzième jour de la déclaration de guerre, les troupes ci-après dénombrées :

A Grodno le 2ᵉ corps d'armée, dont la 26ᵉ division d'infanterie, la 26ᵉ brigade d'artillerie et les batteries à cheval numéros 3 et 1 se trouvent déjà à la proximité de la frontière ; la 16ᵉ division d'infanterie, la 16ᵉ brigade d'artillerie et la 4ᵉ division de cavalerie à Djelostock, la 4ᵉ division d'infanterie et la 1ʳᵉ brigade d'artillerie à Lomscha ; la 6ᵉ division d'infanterie et la 5ᵉ division de cavalerie à Plotck. (Ce corps se retirerait éventuellement jusqu'à Novo-Georgewsk où il formerait l'aile gauche de la position russe.)

Sont encore disponibles : les 10e, 3e (garde) et 8e divisions d'infanterie, les 6e et 3e (garde) divisions de cavalerie et la 10e brigade d'artillerie à Varsovie ; la 7e division d'infanterie et 7e brigade d'artillerie à Radom. (Ce groupe s'avancerait jusqu'à Varsovie.)

Enfin à l'extrême droite, à Kowno, la 28e division d'infanterie, la 2e division de cavalerie et la 28e brigade d'artillerie.

Ces troupes sont destinées à agir contre les trois corps prussiens et les troupes de seconde ligne (dépôt et landwehr) qui pourraient former encore trois corps de la même force. Elles prendront en conséquence la position suivante sur l'aile droite : le 2e corps à Grodno, un corps provisoire formé des troupes réunies à Bjelostock et à Lomscha, les troupes de la garde à Ostrolenka, les troupes réunies à Radom placées à Novo-Georgewsk, celles de Plotck à Bultirok et le reste du 5e corps, comme réserve entre Lomscha et Ostrow.

La force de ces troupes peut être évaluée à 180,000 hommes combattants (infanterie et cavalerie); celle des troupes allemandes, déduction faite des garnisons nécessaires à Kœnigsberg, Danzig et Posen, mais y compris les troupes de dépôt et de landwehr, serait de 160,000 hommes. Il en résulte donc une certaine supériorité numérique à l'avantage des troupes russes qui pourraient être encore rejointes par le 15e corps réuni à Siedlce.

Les troupes allemandes n'attaqueront probablement pas la ligne de la Narew avant le dix-septième jour, parce qu'il leur faudra attendre leurs troupes de landwehr puis franchir la distance jusqu'à la Narew, ce qui, dans les circonstances les plus favorables, réclame quatre jours. Comptons encore les retards motivés par les escarmouches avec la cavalerie légère russe, les difficultés du terrain. enfin le temps nécessaire pour disposer l'attaque, il est évident alors que les troupes russes seront en état de les recevoir.

Du côté de la frontière autrichienne, on trouverait le quinzième jour de la déclaration de guerre : le 14ᵉ corps (moins la 14ᵉ division de cavalerie et plus la 13ᵉ division de cavalerie) autour de Lublin ; la 14ᵉ division de cavalerie à Kieltze, la 11ᵉ division d'infanterie et de cavalerie à Loutchk, et deux jours plus tard le reste du 11ᵉ corps, la moitié du 12ᵉ corps à Méjïbouzié et le reste deux jours après ; la moitié du 8ᵉ corps à Kischiner et deux jours plus tard le reste de ce corps. Donc dix-sept jours après la déclaration de guerre, la Russie pourrait disposer, dans cette zone, de 170,000 combattants contre 240,000 de l'armée autrichienne disponibles au même moment. Puisque l'armée autrichienne n'entrera sérieusement en campagne que le trentième jour, les Russes auraient ainsi treize jours pour se compléter. Pendant ces treize jours, les Russes pourraient encore réunir le reste des 3ᵉ et 4ᵉ corps et les 7ᵉ, 9ᵉ et 16ᵉ corps. Le complément des 3ᵉ et 4ᵉ corps se joindrait à l'armée du Nord qui se composerait ainsi des 2ᵉ, 3ᵉ, 4ᵉ, 5ᵉ et 6ᵉ corps d'armée avec un effectif de 200,000 hommes. Les corps numéros 7, 8, 9, 11, 12, 14, 15 et les troupes de la garde du 5ᵉ corps, qui se porteraient vers le Sud, formeraient l'armée du Sud forte de 300,000 hommes. A noter que les troupes locales et les gardes frontière avec l'artillerie de forteresse seraient en état de fournir aux places fortes les garnisons nécessaires. Les cadres des bataillons de réserve permettraient encore la formation de 6 divisions d'infanterie, soit 100,000 hommes. Les Allemands auraient 170,000 hommes et les Autrichiens à cette époque 500,000. En résumé la triple alliance disposerait donc à peu près d'un surplus numérique de 160,000 combattants.

Dix jours après l'ouverture des hostilités, que nous fixons au trentième jour de la déclaration de guerre, l'armée austro-hongroise recevrait encore la 5ᵉ division de la honved, mais ces 70,000 hommes ne pourraient rejoindre leurs corps qu'en retardant le mouvement en avant de toute l'armée autrichienne et de 40,000 hommes de l'armée allemande. Pendant ce temps l'armée russe rallierait 110,000 hommes (10ᵉ et 13ᵉ corps et le reste de la garde).

Encore dix jours plus tard l'armée autrichienne pourrait être augmentée de 140,000 hommes de dépôt et l'armée russe de 2 corps (1ᵉʳ et grenadiers) plus 10 de divisions de réserve, ce qui donne avec les troupes locales de frontière et de forteresse 350,000 hommes. Les forces seraient donc à ce moment à peu près équilibrées (910,000 Austro-Allemands contre 890,000 Russes ou, si on compte les garnisons, 960,000 Russes).

A partir de ce moment, chaque journée accroît la supériorité numérique des Russes ; il y a par suite intérêt pour eux à trainer en longueur les débuts des hostilités.

Le théâtre de guerre russe est divisé par la Vistule en deux parties d'une importance très inégale. Tandis que l'une de ces parties sera foulée par la masse principale des armées, l'autre partie ne servira de champ clos qu'à quelques escarmouches provoquées par le passage de la 1ʳᵉ armée autrichienne et les efforts que tentera la 14ᵉ division de cavalerie russe pour l'en empêcher. Ce n'est cependant pas qu'elle n'offre de bonnes positions ; loin de là. Ainsi, dans les alentours de Kieleze (Lysagora), on en rencontre d'excellentes ; la Wartha, la Pélicra et la Bzuva présentent également des lignes de défense assez solides ; mais il est d'autres considérations dont on a dû tenir compte. Du moment où la Prusse et l'Autriche peuvent franchir la Vistule sur leur propre territoire ; du moment où il est admis que l'attaque des places fortes russes exigerait un temps assez long pour permettre aux Russes de rétablir leur infériorité numérique, on s'est décidé à tourner la ligne de la Vistule pour forcer ainsi les Russes à abandonner leurs positions avantageuses barrant le chemin aux alliés.

La première zone est flanquée sur deux faces par deux fleuves, la Vistule et le Boug. Sur la Vistule, la Russie arme trois places fortes : Iwangorod (confluent du Wieprz), Varsovie et Novogeorgewsk (confluent de la Narew), sur le Boug-Brest-Litewski (confluent du Muchawietz). Au nord et au sud, l'entrée de ce cul-de-sac (c'est ainsi qu'on pourrait l'appeler) est assez bien défendue par des obstacles naturels : au nord, le cours inférieur du Boug, puis une contrée d'un accès très difficile, ensuite la Narew avec l'Ukra sur la gauche et Czerweny-Bor sur la droite. Au sud, les territoires boisés entre Oubno et Lublin, et enfin la ligne du Wieprz.

Une fois toutes ces difficultés vaincues, l'ennemi qui viendra soit du nord, soit du sud (dans notre hypothèse, à la fois des deux côtés), trouvera, dans les plaines de Liedlcze, des contrées fertiles et propices au déploiement des grandes masses ; mais il aura encore à forcer la ligne du Boug et à s'inquiéter de Brest-Litewski.

La manœuvre réussie, on aura à choisir entre deux routes, celles du nord ou celles du sud par les marais de Pinsk, avec les objectifs Moscou ou Kiew.

Dans notre hypothèse, les armées austro-allemandes auraient avantage à se diviser à cause des lenteurs de la concentration et de la mobilisation russe ; elles pourraient marcher l'une sur Moscou, l'autre sur Kiew. En effet, la marche de l'empereur Napoléon en 1812 nous montre bien les risques d'un mouvement isolé sur Moscou ; les Austro-Allemands seraient même forcés de détacher des troupes dans la direction de Saint-Pétersbourg, afin de ne point exposer leurs ailes à une attaque comme celle de l'amiral Tschitscha-gow en 1812.

Pour peu que la fortune continue encore à les favoriser, les alliés seraient forcés d'appeler à eux tous les hommes exercés, afin de conserver une certaine force aux troupes disséminées sur un si long espace. C'est alors que le landsturm austro-hongrois serait de quelque utilité, et surtout les classes non épuisées de l'armée allemande.

Quel devrait être le rôle des alliés dans ce cas, quelles

éventualités se présenteront ensuite? Autant de choses impossibles à prévoir avec quelque vraisemblance.

Le théâtre de guerre allemand est, lui aussi, divisé en deux parties par la Vistule. L'une offre de bonnes positions pour arrêter la marche de l'ennemi; mais aucune ligne de défense d'une grande valeur ne s'y trouve. Aussi le rôle de Kœnigsberg se réduit-il à forcer les Russes à une observation ou à un siège.

La première ligne de défense très solide que l'on rencontre, est tracée par la Vistule avec Thorn à droite et Danzig (Marienburg) à gauche. Cette ligne, longue de 150 kilomètres seulement, avec Graudens au centre, ne pourrait être forcée par les Russes qu'après de grands efforts et grâce à une supériorité numérique considérable. Par contre, elle est très difficile à tourner, parce que, si les Russes passaient la Vistule sur leur territoire, ils se heurteraient à une seconde ligne, moins forte mais aussi très solide, savoir la ligne de Thom-Posen avec ses gardes-flancs, la Vistule et la Wartha, au besoin même la position Netze-Bromberg-Schneidemühl. Les progrès des Russes dans cette aire seraient donc très lents et très pénibles, aussi n'y emploiera-t-on que les meilleures troupes de l'armée russe. Il s'ensuit que, quoique Berlin soit plus près de la frontière russe que Budapesth, l'armée russe qui opérerait contre l'Autriche pourrait arriver plus tôt à Budapesth que celle du Nord à Berlin.

S'il est nécessaire d'ajouter que l'Allemagne a préparé d'une manière supérieure la défense de son territoire, il est incontestable que l'Autriche aussi n'a pas imité cet exemple. La perte d'une bataille livrée à Lublin ou Lemberg rejetterait fatalement l'armée austro-hongroise jusqu'à Budapesth. En effet, les lignes de défense que l'armée rencontrerait sur sa route de retraite pourraient toutes être tournées soit à gauche, soit à droite. La première de ces positions offerte par la région difficile entre Przemysl et Lemberg est excellente en elle-même, mais elle peut être débordée et elle le serait nécessairement par l'armée russe du Sud (Kiew) dans la direction Jarnopol-Stanislanow-Stryj. Si elle n'était pas tournée, elle serait attaquée simultanément sur son front et sur son flanc droit.

Le seconde ligne, celle qui semble être spécialement prévue par le grand état-major impérial, se trouve sur le San avec Przemysl et Jaroslaw, flanquée au nord par la Vistule et au sud par les Carpathes. Elle pourrait bien arrêter quelques instants les progrès de l'armée russe, mais elle ne saurait tenir longtemps. En effet, l'espace entre Przemysl et les Carpathes (80 kilomètres) n'est pas suffisamment défendu et les Russes pourraient, de ce côté, forcer la défense, ce qui obligerait les troupes autrichiennes sur le San inférieur à se retirer en toute hâte afin de n'être pas jetées dans la Vistule et refoulées sur le territoire russe.

Ce mouvement tournant aurait, en outre, cela de désavantageux qu'il isolerait de la Hongrie l'armée autrichienne, si celle-ci se laissait devancer à Budapest par les Russes, ce qui arriverait certainement si elle commettait la faute de s'immobiliser sur le San.

La défense de cette position du San ne présenterait, d'ailleurs, que des inconvénients pour les Austro-Hongrois, car elle les empêcherait d'utiliser la ligne des Carpathes et celle de la Theiss et les obligerait à passer les monts dans la région la plus difficile, celle de Megas Tatra.

En résumé, bien qu'assez solide par elle-même comme position tactique, la ligne du San ne doit pas être défendue parce qu'elle n'est pas une bonne position stratégique.

La ligne du Dniest offrirait également quelques bonnes positions défensives; malheureusement ces positions peuvent toutes être tournées soit par Samboc, soit par Cresnowitz.

Vient ensuite la ligne des Carpathes: celle-ci, également d'une valeur douteuse, comme le sont généralement toutes les lignes constituées par des chaînes de montagnes et comme le prouvent d'ailleurs surabondamment le passage du général Schlick en 1828 et celui du prince Paschkiewitsch en 1849.

Après les Carpathes, la première ligne de défense qui se présente est celle de la Theiss, assez forte par elle-même et qui pourrait être rendue excellente par des travaux de fortifications bien compris.

Cette ligne de défense comprend, en effet, trois lignes d'eau :

A) La Theiss depuis Csaba jusqu'à Tokay;

B) La Szamos et Theiss depuis Csaba jusqu'à Nagy-Banja;

C) La ligne Laboreza-Bidowa-Jopola.

Elle présente surtout l'immense avantage de ne pas être facilement tournée.

En effet, pour la tourner par le Sud, il faudrait aller jusqu'à Zilah et Dées où les Russes s'exposeraient à se voir devancer par leurs adversaires.

Par le Nord, autre difficulté : entre la Topola et le Hernath, le passage est très étroit; en outre, la Hegyolia, qu'il faudrait traverser, est loin de se prêter facilement à de grands mouvements de troupe. La nature de la région suffirait seule à mettre obstacle à toute tentative de ce genre.

Du reste l'armée russe parviendrait-elle à ses fins que la situation de l'armée autrichienne n'en serait pas, pour cela, compromise. car celle-ci n'aurait, pour parer le coup, qu'à se prolonger le long de la Theiss jusqu'à Ckath en utilisant éventuellement les lignes du Hernath et Jago.

Mais il serait oiseux d'insister sur ces considérations. La ligne de la Theiss, nous l'avons dit, ne serait bonne qu'à la condition d'être fortifiée. Or il n'existe dans cette région ni place forte, ni forts d'arrêt, ni autres ouvrages de fortification permanente.

Par suite, cette ligne de défense ne présente pas les avantages requis pour servir de base d'opérations.

Si, au contraire, Csap, Kschau, Tokay, Szathmar, Nagy-

Bany étaient organisés défensivement, si les cols et les passages étaient fermés par des forts d'arrêt comme ceux de la frontière franco-allemande, alors la ligne de la Theiss acquerrait une grande valeur défensive que seule peut-être pourrait surpasser celle de Meuse et Moselle.

La ligne de la Theiss perdue, les Austro-Hongrois n'auraient plus qu'un parti à prendre : se retirer sur Budapest, derrière le Danube.

En cas d'invasion russe, c'est très probablement autour de cette place que se livrerait la dernière bataille où se décideraient les destinées de l'Autriche-Hongrie.

****

Maintenant que nous avons étudié le terrain des deux côtés, nous allons nous efforcer de donner au lecteur une idée aussi exacte que possible de ce que seraient les premières opérations qui auraient vraisemblablement pour théâtre la Pologne russe, et nous ferons en sorte d'en déduire les résultats probables.

La première question qui se pose à l'esprit est celle-ci : les troupes russes de couverture pourraient-elles tenir la campagne jusqu'à l'arrivée de leurs réserves? Ou bien les alliés parviendront-ils à rejeter les Russes sur Saint-Pétersbourg, Moscou et Kiew avant qu'ils aient concentré toutes leurs forces ?

Autrement dit, les chefs austro-allemands pourront-ils arriver à terminer la campagne avant le cinquantième jour de la déclaration de guerre ?

C'est ce que nous allons examiner en tablant sur les moyens dont disposent les uns pour tenter cet effort, les autres pour s'opposer à la réussite de ce plan.

Il est bien évident tout d'abord que c'est à l'armée allemande qu'échoirait l'honneur de tirer les premiers coups de canon dans cette partie du théâtre de la guerre européenne.

Ses premières opérations auraient certainement pour objectif la ligne de défense russe Grodno-Novo-Georgewsk.

En six colonnes, cette armée passerait la frontière entre Lyck et Soldau, en poussant la majeure partie de ses forces sur Gomodr, Lamscha, Bjelostok, cela dans le but, soit de parer à une attaque de flanc venant de Grodno ou de Kowno, soit d'essayer de couper en deux l'armée russe, ce qui arriverait infailliblement, si les Allemands parvenaient à percer sur ce point.

Le succès de cette manœuvre aurait donc, pour l'armée russe du Nord, les mêmes conséquences que l'occupation de Loutschk pour l'armée du Sud, c'est-à-dire que les Slaves seraient de suite rejetés au delà de leur deuxième ligne de défense Bjelostok Bres, sur les forteresses de la Vistule, et se trouveraient *ipso facto* dans l'impossibilité de s'opposer à la jonction des armées autrichienne et allemande.

C'est en prévision d'un événement de cette nature que nous avons, dans le plan de campagne de l'armée russe, prévu le groupement de cinq divisions autour de Bzelostok.

Il faut, d'ailleurs, prendre ceci pour gouverne, que l'armée prussienne ne peut guère compter sur la réussite d'une telle entreprise, car elle trouverait devant elle des forces slaves supérieures en nombre, ainsi qu'il appert du tableau ci-après, donnant la composition des troupes que les deux belligérants auraient la latitude de porter sur ce point du théâtre de la guerre.

A. — Allemands.

Ier corps : 25 bataillons actifs (25,000), 24 escadrons actifs (4,000) 11 bataillons de landwehr (8,800) et 8 escadrons de landwehr (1,200) = 39,000 hommes, avec 144 canons.

IIe corps : 24 bataillons actifs (24,000), 16 escadrons actifs (2,500), 12 bataillons de landwehr (9,600) et 8 escadrons de landwehr (1,200) = 37,300 hommes, avec 144 canons.

Ve corps : 25 bataillons actifs (25,000), 16 escadrons actifs (2,500), 17 bataillons de landwehr (13,600) et 8 escadrons de landwehr (1,200) = 40,300 hommes, avec 144 canons.

XVIIᵉ corps : 25 bataillons actifs (25,000), 16 escadrons actifs (2,500,
11 bataillons de landwehr (8,800) et 8 escadrons de landwehr (1,200) =
37,500 hommes, avec 144 canons.

Total : 154,100 hommes, avec 576 canons.

Les troupes de dépôt et les formations de réserve pour chaque
corps (16,000 hommes, au total donc 64,000), seraient nécessairement
employées pour les garnisons de Kœnigsberg, Dantzig, Posen, Thorn,
Stettin, fort Boyen, etc., qui ne seraient pas encore remplacés à cette
époque par le landsturm.

B. — Russes.

IIᵉ corps : 32 bataillons et 24 escadrons.
Vᵉ corps : 48 bataillons et 36 escadrons.
VIᵉ corps : 32 bataillons et 24 escadrons.
Les divisions d'infanterie nᵒˢ 8, 16 et 28 (48 bataillons);
La division de cavalerie nᵒ 4 (24 escadrons);
Les brigades de chasseurs nᵒˢ 1 et 5 (8 bataillons);
Et, éventuellement, la division d'infanterie nᵒ 30 (16 bataillons);
Total : 184 bataillons et 108 escadrons = 202,000 hommes, avec
576 pièces.

Les troupes locales de frontière et de forteresse suffiraient aux garnisons de places fortes.

Différence en faveur des Russes : 47,900 hommes.

L'avantage du nombre est donc bien évidemment du côté
des troupes russes qui ne le cèdent pas en qualité à celles de
la Triplice.

L'armée allemande rencontrerait, par suite, des difficultés
peut-être insurmontables à effectuer cette opération, d'autant
plus que les Russes, en se maintenant énergiquement sur la
position centrale de Bzelostock, auraient toute facilité pour
tourner l'armée ennemie du côté de Kowno.

En résumé, en tenant compte et de la supériorité numérique des Russes et de la nature du terrain qui ne se prête
guère, dans cette partie de la Pologne, à des manœuvres
offensives, on est en droit d'admettre que, selon toute probabilité, l'armée allemande, après avoir échoué complètement
dans sa tentative, serait, sous la pression des troupes l'atta-
quant du côté de Grodno et Kousto, obligée d'abandonner

ses communications avec Kœnigsberg et de se retirer derrière l'Ukra sous la protection des troupes de couverture qui s'efforceraient d'empêcher les Russes de passer la Narew entre Novo Georgewki et Ostrolenka ou Pultusk.

L'attaque de la ligne russe ne pourrait pas commencer avant le dix-huitième jour de la déclaration de guerre, si les alliés attendaient l'arrivée des troupes de la landwehr, sans l'appui desquelles l'opération serait par trop hasardée.

Si nous comptons trois jours de combat et six jours de marche en retraite pour se porter derrière l'Ukra, nous arrivons au vingt-septième jour. Or, à ce moment, l'armée russe serait en état de prendre l'offensive contre l'armée allemande, car c'est précisément à cette date que nous avons prévu l'entrée en ligne du détachement de la garde attaché au 5ᵉ corps et celle du 15ᵉ corps qui arriverait, lui aussi, à la rescousse pour renforcer l'armée du Sud après avoir pris sa part des succès remportés par les Russes sur la Narew.

C'est d'ailleurs la caractéristique de la tactique russe de tirer tout le parti possible des avantages de la position centrale dont ils se servent comme d'un pivot pour se porter, selon les circonstances — comme le fit Napoléon en 1813 et 1814 — soit de la Narew sur Lublin, soit de Lublin sur la Narew jusqu'à ce que l'arrivée du reste de leur armée leur permette de prendre une vigoureuse offensive.

Quant à l'armée autrichienne, elle ne serait en état de prendre l'offensive que le trentième jour de la déclaration de guerre.

Conformément au plan esquissé au commencement de ce chapitre, le mouvement se prononcerait principalement sur la rive droite de la Vistule, pendant que l'armée opérerait sur la rive gauche jusqu'à Josefov-Pulavy et Ivangorod, où elle franchirait le fleuve.

A noter qu'une attaque poussée par la rive gauche de la Vistule serait la plus mauvaise opération que l'on puisse imaginer.

Ce fut, en effet, celle qu'effectua l'archiduc Ferdinand en 1809 et nous savons quels désastres en furent la conséquence. Aujourd'hui, une telle opération serait encore plus dangereuse, car, sans parler du grave inconvénient d'opérer une longue marche de flanc le long d'un fleuve dont la vallée est hérissée de places fortes, l'armée austro-hongroise courrait encore le risque de faciliter à l'armée russe la concentration de toutes ses forces et s'exposerait à se voir isolée de la monarchie dans le cas où, même après sa jonction avec l'armée allemande, elle éprouverait un échec.

A notre avis, cette manœuvre hardie pourrait peut-être tenter un général français audacieux et entreprenant, mais jamais l'archiduc Ferdinand ne trouvera d'imitateurs parmi les généraux autrichiens.

Comme conclusion, la seule hypothèse admissible est celle-ci :

Les deuxième et troisième armées s'avanceraient par la rive droite, celle-là sur Lublin, celle-ci sur Loutschk et Kowno.

Forte de 180,000 combattants, la IIe armée romprait certainement sans trop de difficultés la résistance que pourraient lui opposer les 45,000 Russes réunis autour de Lublin, même en supposant que ces derniers puissent être appuyés à temps par les 16,000 hommes de la 2e division d'infanterie et en tenant compte des avantages que présente pour la défensive cette région abrupte et boisée.

Quelque prodiges de valeur qu'accomplissent les Russes, ils ne sauraient arrêter longtemps la marche triomphante des Austro-Hongrois.

De la frontière à Lublin, on compte 100 kilomètres. Or cette distance, d'après les règlements autrichiens, correspond à cinq journées de marche exécutées dans des circonstances favorables. Mais, comme le manque de routes praticables et la nécessité de livrer combat feraient perdre au moins quatre jours, ce ne serait donc que le neuvième

jour après l'ouverture des hostilités que la IIe armée serait
en situation de livrer bataille près de Lublin.

Ces quelques jours de répit, la 14e division de cavalerie
russe les emploierait à entraver la marche de la IIe armée
à laquelle le passage de la Vistule prendrait encore un temps
relativement considérable. Bref, quelque diligence que cette
deuxième armée apporte dans l'exécution du plan de campagne, elle ne pourrait se porter en ligne à la gauche de
la Ire armée à laquelle elle n'aurait détaché à Iwangorod ses
deux divisions de landwer que le 12e jour.

C'est plus de temps qu'il n'en faudrait pour permettre aux
Russes de porter à marches forcées autour de Lublin la
8e division d'infanterie, la 7e division de cavalerie, les troupes de la garde, et peut-être aussi, éventuellement, la
5e division d'infanterie. Si bien que, le jour de la bataille,
125,000 Russes se trouveraient en présence des 180,000 Autrichiens de la IIe armée.

Entre temps, la IIIe armée austro-hongroise attaquerait de
front la position de Loutschk, avec les 4e et 11e corps,
pendant que le 7e la tournerait par Dubno, où serait laissé
un détachement d'observation, et que les 5e et 6e corps mas-
queraient l'attaque en se portant contre le 12e corps russe
et la partie du 8e corps postés à Odessa et Kichenen.

Sous cette poussée de 170,000 Austro-Hongrois, les 110,000
Russes reculeraient, sans nul doute, au delà de Loutschk,
que l'ennemi se contenterait de bloquer s'il ne se croyait pas
capable de l'enlever par un hardi coup de main.

Mais le 11e corps russe ne demeurerait pas inactif. Pro-
fitant de l'occasion favorable il se porterait sur Chowel, tandis que les autres corps formeraient une nouvelle armée
dans le but d'abord de tenir en échec la IIIe armée autrichienne en la harcelant et subsidiairement de menacer
l'aile droite des Austro-Hongrois, dans le cas où ils seraient
forcés à leur tour de battre en retraite

Bref, le 45e jour de la déclaration de guerre, la situation des belligérants dans la région méridionale de la Pologne serait la suivante :

1° Entre Lublin et Brest, à Stok, les 9e, 11e, 14e et 15e corps, la 7e division de cavalerie, les troupes de la garde, soit avec la 4e division de réserve : 260,000 Russes faisant face aux 320,000 Austro-Hongrois des Ire et IIe armées massées autour de Lublin ;

2° Entre Kowno et Brody, la IIIe armée autrichienne forte de 230,000 combattants opposée aux 170,000 Russes fournis par les 7e, 8e et 12e corps auxquels il convient d'ajouter la 3e division de réserve.

Trop inférieurs en nombre pour lutter avec quelques chances de succès contre leurs ennemis, les Russes seraient donc obligés de se retirer et de prendre position, partie à Brest-Litwosk, partie à Chitomir.

Nous avons laissé les troupes allemandes au moment où elles effectuaient leur mouvement de retraite derrière l'Ukra, poursuivies par l'armée russe du Nord.

Bien qu'elles puissent attirer à elles les 40,000 hommes de landwehr disponibles, leur situation n'en est pas pour cela bien brillante, car ce renfort ne suffirait pas à leur donner la supériorité numérique, étant données les pertes éprouvées par elles dans les combats livrés autour de Bjelostock.

Selon toute probabilité, le quarantième jour des hostilités, la position allemande serait attaquée et enlevée par les Russes qui, outre l'avantage du nombre, auraient sur leur adversaire celui de la situation stratégique de leur aile gauche, qui leur permettrait de prendre les Allemands à revers en passant la Narew à Novo Georgewsk.

En comptant dix jours pour l'exécution de cette manœuvre, on arrive à cette hypothèse que, le cinquantième jour de la déclaration de guerre, l'armée allemande serait contrainte de se mettre en retraite sur la très forte position de

Dhom, où elle aurait l'espoir d'arrêter, pour un temps assez long, la marche victorieuse des Russes.

Le cinquantième jour, les Russes auront à Brest-Litewski, outre les troupes déjà mentionnées, le 1er et le 16e corps d'armée, celui des grenadiers de la garde et peut-être aussi le 13e corps, soit au total : 486,000 hommes, alors que les Austro-Hongrois ne pourront mettre en ligne que 320,000 hommes, éventuellement renforcés par 120,000 de réserve, le surplus de leurs forces devant être employé soit à l'occupation des places autrichiennes, soit au blocus ou au siège des places russes.

Du côté de Chitomir les forces seraient à peu près égales — 240,000 contre 250,000 — si on compte encore le 10e et le 17e corps russes qui ne tarderaient pas à entrer en ligne.

Des deux grandes batailles de Brest-Litowski et de Chitomir qui décideront de la première partie de la campagne, la première sera vraisemblablement gagnée par les Russes, la seconde pourra rester indécise.

D'ailleurs, cela importe peu : Dans le cas où les Russes perdraient la première bataille, ne seront-ils pas toujours à même de lancer au secours de Brest leur armée du Nord forte de 200,000 combattants et de reprendre l'avantage ?

Cette manœuvre leur réussirait d'autant mieux que les Allemands ne pourraient arriver assez tôt pour prendre part à la bataille, retardés qu'ils seraient par les troupes de cavalerie chargées d'entraver leur marche, par les fleuves et par les places fortes qu'ils rencontreraient sur leur route, enfin par les difficultés mêmes du terrain.

Et puis, rien ne permet d'admettre *a priori* que les Autrichiens doivent remporter une victoire décisive; ils ne seraient pas assez supérieurs en nombre pour être certains de vaincre leur redoutable ennemi. Or un demi-succès leur serait presque aussi fatal qu'une défaite, car il ne suffirait pas pour arrêter les Russes qui bientôt auraient pour eux l'avantage du nombre.

Donc, l'armée autrichienne de Brest se verrait fatalement forcée — un peu plus tôt, un peu plus tard — de se replier et cette marche rétrograde entrainerait non moins fatalement la retraite de la IIIe armée, alors que les troupes russes, grossies du corps des grenadiers de la garde, de la 40e division d'infanterie et de la 8e division de réserve — soit en tout de 240,000 hommes — pénétreraient victorieusement d'un côté en Prusse et de l'autre en Galicie.

A ce moment la guerre austro-allemande-russe entrerait dans une phase décisive.

Tout dépendrait de ce qui se passerait alors dans les Vosges.

En effet, ou l'Allemagne aura le désavantage et la guerre orientale finira probablement par la victoire des Russes, ou bien les Français seront vaincus et les troupes allemandes rendues disponibles se porteront au secours des armées alliées qui dès lors, mais à cette condition seulement, pourraient alors prendre une vigoureuse offensive sur la Vistule et repousser, à leur tour, les armées slaves.

Si cette dernière éventualité se réalisait, les forces russes se formeraient en deux grandes armées, dont l'une ferait face à l'Allemagne et l'autre à l'Autriche-Hongrie en conservant partout la supériorité numérique.

Mais la situation au point de vue stratégique n'est pas la même des deux côtés.

Ainsi, alors que le territoire prussien est si bien défendu par ses places fortes et la région de Posen si admirablement favorisée sous le rapport de la défensive que l'on ne peut redouter une conquête rapide de ces deux provinces, du côté de l'Autriche, aucun obstacle sérieux ne pourrait arrêter la marche victorieuse des Russes.

Les armées autrichiennes seraient donc forcées d'abandonner successivement toutes leurs lignes de défense trop faibles pour être conservées avec avantage et de se réfugier sous Budapesth.

Quant à une retraite sur Vienne, on n'y songerait pas très vraisemblablement, cette manœuvre présentant trop d'inconvénients graves. L'expérience de 1866 a démontré d'une manière trop évidente le danger d'une retraite par une seule route. De plus, ce mouvement forcerait d'abandonner toutes les positions de la Hongrie lesquelles sont beaucoup plus avantageuses que celles de l'Autriche; celles-ci se réduisant, en effet, à deux : celle de March et celle de la Taya considérées l'une et l'autre comme d'utilité très contestable.

Une seule bonne ligne défensive resterait donc à la disposition des Austro-Hongrois celle du Danube, et encore est-elle beaucoup trop étendue pour que l'armée de la monarchie, affaiblie par des revers successifs, soit en état d'en tirer tout le parti désirable.

Voyons maintenant ce qui se passerait dans la partie méridionale du théâtre de la guerre, c'est-à-dire dans la péninsule des Balkans ou le Sud de la monarchie austro-hongroise, éventuellement jusque dans la Transylvanie.

Si la guerre éclatait en Orient entre la Russie et la Triple Alliance, la presqu'île des Balkans ne tarderait pas à être en feu. Non seulement, en effet, il se manifesterait des mouvements insurrectionnels en Bosnie et en Herzégovine, voire même en Dalmatie, mais encore tous les petits Etats indépendants prendraient les armes et mobiliseraient leurs troupes.

La guerre entre la Russie et la Triple Alliance aurait trop le caractère d'une guerre orientale, intéressant, par suite, tous les peuples de la Péninsule, pour que chacun d'eux ne s'em pressât pas d'y prendre une part active, soit dans le but d'assurer ou de recouvrer son indépendance, soit en vue de s'agrandir aux dépens du voisin.

En tenant compte des tendances actuelles et du caractère particulier à chacun de ces peuples, nous croyons pouvoir les classer en deux groupes distincts: l'un composé de nations qui se jetteront dans la mêlée aussitôt qu'elles seront

prètes à entrer en campagne ; ce sont : la Serbie, le Monté-
gro, la Bulgarie et la Grèce ; l'autre groupe comprenant la
Roumanie et la Turquie qui attendront, elles, que la fortune
se soit décidée afin de se mettre du côté du vainqueur.

En cas d'une guerre serbo-bulgare, l'armée serbe, forte
de 5 divisions d'infanterie à 3 régiments, d'une division de
cavalerie et d'une division d'artillerie se concentrera sur la
frontière menacée.

Dans l'impossibilité de détacher des troupes actives avec
mission de soutenir l'insurrection bosniaque, — attendu qu'elle
n'aurait pas trop de toutes ses forces pour tenir tête à la
Bulgarie, — elle laisserait ce soin au Monténégro qui suffirait
avec ses 25,000 soldats à remplir cette tâche à lui seul,
grâce aux avantages que lui procurerait sa situation géogra-
phique et topographique.

Quant aux conséquences finales d'une guerre serbo-bulgare, elles sont difficiles à prévoir. Cependant, si l'on table
sur les événements du passé, on est disposé à attribuer *à
priori* la victoire aux Bulgares. En effet, aussi bien dans la
guerre de l'Indépendance (1804-1813) que dans la campagne
de 1876 et 1885, la fortune a toujours été défavorable aux armées serbes. Tandis que du côté de la Dvina et du Kossowo,
le drapeau de la Serbie a mainte fois flotté triomphant, du
côté de Nisch et de Sophia cette nation a toujours eu de
graves désastres à subir. Et cela est fatal. Car c'est là, en
même temps que le côté le plus vulnérable, celui qui est
exposé aux coups de l'ennemi le plus redoutable.

Si, au contraire, sans tenir compte du passé, on considère
seulement l'état militaire des deux puissances, ou pourrait
être amené à des conclusions contraires pour beaucoup de
raisons : d'abord, l'armée de campagne serbe est plus nombreuse que celle de la Bulgarie ; en second lieu, cette dernière puissance se trouve dans une situation d'infériorité très
marquée vis-à-vis de sa rivale sous le rapport des moyens de
mobilisation et de concentration dont elle dispose. En effet.

tandis que les troupes de la Serbie qui sont le plus éloignées du point de concentration n'auraient à parcourir qu'une distance maxima de 300 kilomètres, celles de la Bulgarie devraient franchir jusqu'à 400 kilomètres ; tandis que la Serbie pourrait utiliser avantageusement ses voies ferrées de Belgrad-Pirot et Nisch-Vranja, parce que ces lignes occupent le milieu du pays et conduisent directement sur le théâtre des opérations, la Bulgarie, elle, ne pourrait faire usage que du chemin de fer d'Andrinople à Sophia et encore seulement pour les troupes rouméliotes qui ne forment qu'un tiers à peine de son armée nationale. En outre, comme la Roumélie est située près de la mer Noire, les contingents de cette province seraient obligés de franchir les Balkans pour faire jonction avec les troupes bulgares. Or, les Balkans constituent des obstacles autrement importants que les fleuves serbes, lesquels sont d'ailleurs pourvus d'un nombre de ponts plus que suffisants pour assurer les communications entre leurs rives.

Enfin, tous ces obstacles naturels n'existeraient-ils pas, que la Serbie mettrait encore pour se mobiliser moins de temps que la Bulgarie, attendu que son territoire est moins étendu et que ses districts de recrutement sont plus nombreux.

Les deux seuls défauts que nous ayons à signaler dans l'organisation militaire de la Serbie, ce sont : d'abord l'insuffisance numérique de ses cadres, ensuite l'absence à peu près complète de magasins d'approvisionnement de toute nature. Encore ces défauts disparaîtront-ils bientôt, grâce à l'impulsion énergique que le gouvernement a su imprimer partout et aux salutaires effets de la nouvelle loi militaire.

Si on nous objecte que, malgré tous les avantages énumérés plus haut, la Serbie n'en a pas moins été honteusement battue en 1885, nous répondrons que ce n'est pas là une raison probante. Il faut tenir compte de la situation tout exceptionnelle dans laquelle les deux peuples rivaux se trouvaient à cette époque.

Il faut reconnaître tout d'abord qu'en Serbie cette campagne était loin d'être populaire et que le gouvernement l'a entreprise à l'encontre de l'opinion publique, ce qui l'a mis dans l'obligation de s'y préparer en secret et par suite dans de mauvaises conditions. Si le gouvernement avait eu ses coudées franches pour conduire vigoureusement les préparatifs, il aurait pu les compléter en moins de deux mois.

Se trouvant dans une situation fausse, il a été entraîné à commettre fautes sur fautes; au lieu d'attendre d'être prêt pour attaquer, il s'est lancé en avant avec une inqualifiable insouciance, comme s'il s'agissait d'une simple promenade militaire.

Le plan de campagne, conçu avec non moins de légèreté, en dépit des règles les plus élémentaires de l'art de la guerre, reposait sur une hypothèse d'une absurdité notoire.

Ainsi, au lieu de se concentrer pour combattre, — comme le bon sens suffisait à l'indiquer, à défaut de connaissances militaires, — l'armée serbe s'était dispersée. Poussant une de ses divisions sur Widin, où elle n'avait que faire, une autre sur Radomir, où elle ne devait avoir d'autre rôle que d'escarmoucher avec des bandes de paysans armés à la hâte pour la défense de leurs foyers, elle marcha avec une seule division sur Sophia, le point principal — le véritable objectif — après avoir laissé deux autres divisions en réserve.

Une telle manière d'agir eût été tout au plus admissible dans le cas où le gouvernement serbe, certain de ne rencontrer aucune résistance, se serait proposé seulement d'occuper le pays.

Il est hors de doute que, si les troupes serbes avaient été réunies le 7 novembre autour de Slivnitza, elles auraient facilement enlevé cette position et auraient pu ensuite, en manœuvrant avec intelligence, battre successivement tous les détachements bulgares qui, à peine organisés, mal

armés, sans cohésion aucune et sans lien entre eux, insuffi-
samment pourvus, accouraient de tous les points du territoire, conduits par des chefs improvisés au lieu de rassemblement désigné.

Si l'on cherche à expliquer les revers des Serbes par le
manque de défenses naturelles du pays, nous répondrons
que, si la Serbie ne présente pas de bonnes positions défensives, la Bulgarie en est tout aussi dépourvue, et qu'une
défaite essuyée devant Sophia amènera toujours fatalement
l'ennemi jusqu'au cœur de la Bulgarie et de la Roumélie,
attendu que l'armée vaincue ne trouve pour se reformer et
tenir tête que la très médiocre ligne de l'Isker, et que c'est
précisément de ce côté que les Balkans ont le moins de
valeur au point de vue militaire, car il est très facile de les
tourner par la vallée de la Maritza.

Par contre, il nous serait facile de prouver par la résistance d'Alexinatz, en 1876, que la Serbie se trouve dans de
meilleures conditions pour une défensive vigoureuse, surtout
aujourd'hui que son armée peut tirer avantageusement profit
des lignes de la Nischawa et de Bugarska-Morawa, qu'elle
ne possédait pas à cette époque.

Mais revenons à l'armée austro-hongroise.

En Bosnie et en Herzégovine, le 15e corps austro-hongrois
aurait assez à faire de s'y maintenir; il s'y trouverait pour
insi dire immobilisé. On ne pourrait, dans aucun cas, compter sur lui en vue d'autres opérations.

Et même, en songeant à l'effectif des troupes employées
précédemment pour l'occupation de ce territoire, on est en
droit de se demander s'il pourrait suffire à sa tâche, étant
dmis qu'à l'avenir le Montenegro ne resterait pas inactif
comme jadis.

Il n'y aurait donc rien d'impossible qu'une partie du
13e corps fût forcée d'entrer en ligne pour assurer la supériorité aux Autrichiens dans cette partie du théâtre de la
guerre.

Quant à l'éventualité d'une guerre entre l'Autriche et la Serbie, elle ne peut être envisagée que dans le cas peu probable où la Bulgarie demeurerait l'arme au pied. Cette complication viendrait-elle à se produire qu'il n'en résulterait pas pour la monarchie d'autres conséquences que l'impossibilité de détacher en Bosnie une partie du 13e corps.

Avec le 13e corps qui serait mobilisé et concentré douze jours environ avant l'armée serbe, elle pourrait porter la guerre en Serbie grâce aux avantages que lui procurerait sa situation stratégique dominante.

Il nous reste maintenant à examiner une troisième éventualité : celle d'un conflit avec la Roumanie venant compliquer une guerre serbo-bulgare.

Dans cette occurrence, ce serait à la division de honved du 13e corps qu'écherrait la mission d'appuyer le 15e. Cette division serait transportée en Transylvanie pour en défendre l'entrée à l'armée roumaine. De ce côté, la frontière de la monarchie pourrait être divisée, au point de vue des opérations stratégiques, en deux parties : l'une des sources de la Theiss jusqu'à Kronstadt, l'autre de cette place jusqu'à Orsowa. La première comprend un territoire très tourmenté, d'un accès très difficile et où, par suite, jamais de grandes masses n'ont opéré ; c'est celui qui correspond au soulèvement de la Hargitte et au cours supérieur du Maros ; mais, du côté du Nord, l'invasion trouverait une voie largement ouverte et il faudrait pour s'opposer à sa marche beaucoup de troupes et une grande célérité dans les manœuvres.

Cette partie du territoire autrichien est encore aujourd'hui le point le plus faible de sa frontière et, en outre, le plus exposé à une invasion russe.

La seconde partie de la ligne est beaucoup plus solide ; elle est, en revanche, celle qui serait la plus exposée à une invasion venant de Roumanie. Bien que de nombreuses routes conduisent de cette région en Transylvanie, le pays n'en est pas moins d'un accès très difficultueux parce que toutes ses voies de terre convergent soit à Hermanstad, soit à Kronstadt et qu'il suffit, pour arrêter la marche de l'envahisseur, d'occuper fortement ces deux places après avoir jeté en avant quelques corps en observation sur la frontière.

En appliquant cette tactique, le général Bem put, après la retraite du corps autrichien de Puchner, empêcher tout retour offensif des Austro-Hongrois et même repousser victorieusement les premiers détachements des troupes russes. S'il dut plus tard céder devant Ludow, c'est que l'armée austro-russe possédait une supériorité numérique tellement écrasante qu'il y aurait eu folie de sa part à essayer de lutter plus longtemps.

L'ennemi pourrait encore prononcer son attaque par la trouée d'Orsawa en suivant soit la route de Lugos, soit celle de Wesskirchen et en prenant l'une ou l'autre de ces deux villes pour objectif. La première de ces deux voies a été, en effet, souvent et non sans succès, utilisée par les troupes turques; c'est elle qui, de préférence, serait certainement choisie par l'armée roumaine si elle se décidait à passer par la trouée d'Orsawa, car elle serait certaine d'avoir à sa disposition plusieurs lignes de retraite, tandis qu'au contraire, en suivant l'autre voie par laquelle en 1849 les troupes de Puchner avaient effectué leur mouvement, une armée envahissante se placerait dans une situation extrèmement périlleuse et risquerait — en cas d'échec — soit d'être faite prisonnière, soit d'être jetée dans le Danube. C'est, d'ailleurs, ce qui serait advenu fatalement à celle de Puchner en 1849, si le général Bem avait attaqué la position de Weisskirchen par l'Est au lieu de l'attaquer par le Nord.

En résumé, une invasion de la Roumanie par l'armée autrichienne semble peu vraisemblable parce qu'avec cette hypothèse il faut admettre que les alliés aient remporté une victoire complète sur les Russes et que l'armée serbe ait été défaite complètement. Or, dans des conditions aussi défavorables, peut-on supposer que la Roumanie pousse l'imprudence jusqu'à déclarer la guerre. C'est, dans tous les cas, fort problématique. Mais ce qui est indiscutable, c'est qu'une campagne entreprise ainsi par la Roumanie lui serait certainement fatale et ne lui permettrait même pas de résister longtemps, quelle que soit l'énergie qu'elle déploie dans la lutte.

Les seules lignes de défense de la Roumanie sont les cours d'eau. Mais ce ne sont là, dans un pays aussi peu accidenté et aussi fertile, que des obstacles insignifiants, d'autant plus qu'ils peuvent facilement être tournés par un ennemi venant du Nord.

Quels seraient les résultats de la guerre?

Quidquid id est, timeo Danaos et dona ferentes.

Après avoir étudié dans toutes ses phases la situation qui serait faite en temps de paix et en temps de guerre à la Monarchie austro-hongroise par son alliance avec l'empire allemand, il convient de rechercher quelles seraient pour elle les conséquences et les résultats de cette action commune.

Admettons d'abord cette hypothèse *très invraisemblable* que la Russie a été réduite *à quia* et obligée de se soumettre à toutes les exigences du vainqueur.

Nous disons « très invraisemblable », parce qu'à notre avis la guerre serait conduite par les Russes avec cette froide énergie du joueur qui risque son va-tout. Le gouvernement de Saint-Pétersbourg n'ignore pas, en effet, qu'une défaite totale ou même seulement un arrêt momentané de son élan vers l'Ouest ou plutôt sur les Balkans le condamnerait à une inaction complète et à l'abandon de son rôle politique en Europe.

La Russie combattra donc avec cette ardeur et cette opiniâtreté extraordinaires qui caractérisent non seulement le peuple russe en particulier, mais encore tous les peuples slaves en général.

Il est donc très probable que les Austro-Allemands reculeraient devant la perspective d'une guerre à outrance, d'autant plus que, dans cette hypothèse, la France, elle aussi, ne consentirait pas, quoique vaincue, à déposer les armes avant d'avoir épuisé toutes ses ressources et tous ses moyens d'action.

Tenons-nous néanmoins à notre première supposition de la Russie épuisée et tombée à la merci de ses ennemis, et voyons quels seraient les avantages que retirerait l'Autriche des victoires remportées par elle de compte à demi avec l'empire d'Allemagne.

Tout d'abord, — et je tiens ce renseignement de bonne source — ce ne serait pas à l'Autriche mais à l'Allemagne que serait annexée la Pologne russe. La Monarchie austro-hongroise ne recevrait en partage que quelques territoires dans les Balkans ; peut-être son alliée pousserait-elle la générosité jusqu'à lui céder toutes ces petites principautés et royautés très difficiles à gouverner et dont l'occupation coûterait à leur nouvelle suzeraine beaucoup d'argent et beaucoup d'hommes avec la perspective de n'obtenir jamais que des sujets prêts à se soulever à la première occasion favorable.

L'Allemagne est trop politique, trop jalouse de sa prépondérance en Europe pour fournir à l'Autriche le moyen de se substituer à la Russie. A quoi, d'ailleurs, lui servirait d'avoir abattu sa puissante rivale si elle permettait à son ancienne alliée de s'agrandir au point de contre-balancer sa suprématie?

Certes! l'Allemagne n'arriverait pas sans difficulté à affermir son influence en Pologne; mais, dans tous les cas, cette rude tâche, elle l'accomplirait beaucoup plus facilement que l'Autriche, car elle serait puissamment aidée par les populations de race allemande qui confinent à la Pologne, y pénètrent déjà par infiltration et finiront bientôt par l'envahir complètement, tandis que l'Autriche-Hongrie n'aurait à compter que sur le concours de peuples d'origine slave peu disposés naturellement à germaniser et à maggyariser leurs frères.

En somme, l'Autriche-Hongrie ne sortirait de la situation dépendante que lui faisait temporairement la Triple Alliance, que pour retomber éternellement sous le joug de sa puissante alliée.

Et sa situation politique intérieure en serait-elle vraiment améliorée? Loin de là.

Déjà actuellement l'alliance morale de ses peuples de race tudesque et de race maggyare suffit péniblement à contrebalancer l'influence des sujets slaves dont les aspirations sont toutes différentes!

Qu'arriverait-il si l'élément slave se trouvait ainsi accru considérablement et tout d'un coup?

Est-ce que la monarchie ne serait pas fatalement *ipso facto* obligée de modifier l'orientation de sa politique intérieure et d'en abandonner la direction aux Slaves?

Mais, dans ce cas, une entente austro-allemande deviendrait impossible parce que le gouvernement de Vienne aurait alors à lutter, tout comme la Russie aujourd'hui, contre le pangermanisme, et qu'il ne lui resterait plus qu'à déplorer la faute commise en se faisant le satellite du jeune Hohenzollern dont elle aurait travaillé à affermir le trône et à augmenter la puissance.

Donc, dans l'hypothèse d'une réussite complète, la situation de l'Autriche-Hongrie serait loin d'être enviable. Mais combien pire encore serait-elle avec un demi-succès !

Vaincue, mais nullement épuisée, la Russie ne consentirait à céder éventuellement que quelques lambeaux de la Pologne. Elle ne renoncerait pas à ses projets sur Constantinople. Tout au plus se résignerait-elle à en ajourner quelque peu l'accomplissement.

Dans ce cas, ce serait l'Autriche-Hongrie qui paierait tous les frais de la guerre. Elle aurait travaillé pour le roi de Prusse. Nouveau Bertrand, elle aurait tiré du feu les marrons que croquerait tranquillement le Raton d'Hohenzollern.

N'ayant retiré aucun profit appréciable de la victoire, elle aurait le regret d'avoir prodigué son argent et son sang sans aucun avantage ni pour ses intérêts, ni pour sa gloire.

Les lourds sacrifices que la Monarchie se serait imposés pendant si longtemps ne lui rapporteraient que des déboires et des désillusions. Elle aurait donc perdu, en un mot, son argent et surtout son temps.

Or, qui connait la valeur du temps dans les affaires politiques comprendra, sans qu'il soit besoin d'insister davantage, quel tort immense aura causé à l'Autriche son alliance avec l'Allemagne.

Il faut considérer, en outre, que la situation économique et financière de la monarchie est loin d'être assez solide et assez florissante pour lui permettre de se jeter ainsi dans des entreprises coûteuses qui ne lui rapporteraient ni bénéfices ni compensation d'aucune sorte.

L'horrible et hideuse banqueroute serait fatalement la première des conséquences désastreuses d'une telle guerre. Et ce résultat serait pour elle d'autant plus fâcheux que, n'ayant pas obtenu la reconnaissance indiscutable de l'hégémonie autrichienne, elle ne pourait pas désarmer complètement, obligée qu'elle serait de se tenir toujours prête à lutter contre la Russie qui, tôt ou tard, reprendrait sa marche sur Constantinople.

Mais ce n'est là encore qu'un côté sombre du tableau.

Affaiblie par la lutte soutenue antérieurement, épuisée, ruinée, réduite à la dernière extrémité, ployant sous le poids des charges que continuerait à faire peser sur elle l'entretien d'une armée nombreuse, elle ne pourrait espérer soutenir seule une nouvelle guerre contre la Russie. Plus que jamais, elle aurait besoin du secours de l'Allemagne. Aussi, se trouverait-elle dans un état de vasselage encore plus complet et plus humiliant que celui qu'elle avait accepté précédemment avec résignation.

Passons maintenant à la troisième éventualité, et voyons quelles seraient les conséquences d'une victoire complète de la Russie sur les troupes austro-allemandes.

Dans cette hypothèse encore, la situation de l'Autriche serait loin d'être enviable.

Le triomphe de la Russie déciderait certainement du sort de plusieurs millions d'hommes. Indubitablement, nécessairement, fatalement, l'Autriche-Hongrie perdrait la majeure partie, sinon la totalité de ses sujets slaves. Et ce changement dans le groupement des nations orientales pèserait d'un poids bien lourd sur les destinées de l'Autriche-Hongrie, dont l'influence se trouverait de beaucoup amoindrie.

A ce moment, sans nul doute, la monarchie deviendrait *nolens volens*, un Etat germano-maggyar.

Elle pourrait peut-être alors prétendre ressaisir, dans la grande Patrie allemande, la place à laquelle elle n'aurait jamais dû renoncer, place qui lui est historiquement dévolue et qu'elle n'aurait jamais dû abandonner.

J. P.

FIN

Errata.

Page 34, ligne 27 : lire « Feldreûgmeister Bauer » au lieu de « baron Wesserheimb ».

Page 35, ligne 4 : lire « à 30 escadrons » au lieu de « 36 escadrons ».

Même page, ligne 5 : lire « Przemysl » au lieu de « Vienne ».

Page 38, 1re ligne : lire « 5 divisions » au lieu de « 4 divisions ».

Même page, 2e ligne : lire « la 6e division » au lieu de « la 5e division ».

Paris et Limoges. — Imp. milit. Henri CHARLES-LAVAUZELLE

Librairie militaire Henri Charles-Lavauzelle

Paris, 11, place Saint-André-des-Arts.

LES VOYAGES MERVEILLEUX DE JACQUES VERNOT, par A. Teller. — Volume in-18 broché de 360 pages.. 3 50

LES SAINT-CYRIENNES, poésies, par Fernand Bernard, avec de splendides gravures dans le texte et hors texte. — Volume in-18 de 216 pages.... 3 50

REISCHOFFEN, poésie ayant obtenu le 1er prix au concours littéraire du Centre. — Brochure in-8o de 16 pages................................... » 50

STANCES D'UN VOLONTAIRE, par Paul de Tournefort. — Poésies patriotiques honorées d'une souscription du ministère de la guerre. — Brochure in-8o de 36 pages.. 1 »

D'ESTOC ET DE TAILLE, poésies patriotiques, par Georges de Lys. — Volume in-32 de 88 pages.
   Broché.. » 50
   Relié toile anglaise...................................... » 75

LES FREDONS, poésies, par Alexandre Vallet. — Volume de 136 pages. 3 »

INTIMITÉS — SOURIRES ET LARMES — poésies, par F.-J. Mons, officier d'administration. — Volume vélin teinté................................... 2 »

CHANTS MILITAIRES, CHANSONS DE ROUTE ET REFRAINS DE BIVOUAC, par le capitaine du Fresnel, du 62e de ligne. — Volume in-32 de 56 pages.
   Broché.. » 50
   Relié toile anglaise...................................... » 75

SONNERIES ET MARCHES du règlement du 29 juillet 1884 sur les manœuvres de l'infanterie, avec paroles du capitaine du Fresnel. — Volume in-32 de 96 pages.
   Broché.. » 50
   Relié toile anglaise...................................... » 75

ARMÉES ÉTRANGÈRES CONTEMPORAINES : Europe, Asie, Afrique, Amérique, Océanie, par A. Garçon. — 2 volumes in-32, brochés.............. 1 »
   Reliés toile anglaise..................................... 1 50

RÈGLEMENTS SUR LES EXERCICES ET ÉVOLUTIONS des troupes à pied en Italie, en Autriche et en Allemagne, traduits, résumés et annotés par A. de Vaucresson, colonel du 13e de ligne. — Vol. in-32 de 450 pages, cart .. 2 25

L'ARMÉE RUSSE : organisation générale ; le règlement d'infanterie ; le service en campagne ; instruction sur les travaux de campagne, orné de figures (2e édition). — Volume in-32 de 96 pages, broché .... (*épuisé*)
   Relié toile anglaise...................................... » 75

L'ARMÉE ALLEMANDE TELLE QU'ELLE EST, par P. de Pardiellan. — Volume in-18 de 228 pages, couverture en chromolithographie.............. 3 50

Cet ouvrage a provoqué à l'étranger, notamment en Allemagne, de vives critiques qui ne nous ont point déplu parce qu'elles donnent à comprendre que l'auteur a su toucher plus d'un point douloureux.

L'ARMÉE ALLEMANDE, son histoire, son organisation actuelle, par le commandant A. Heumann, O. ✪ (5e édition). — Vol. in-32 de 128 p., br..... » 50
   Relié toile.. » 75

Cet ouvrage a été traduit en espagnol et publié à Saragosse dans la *Bibliothèque économique de sciences militaires*, par l'éditeur Fernando Primo de Rivera.

LA MARINE ET LES COLONIES DE L'ALLEMAGNE, par le commandant A. Heumann, O. ✪. Ouvrage accompagné de huit croquis. — 2 volumes, brochés. 1 »
   Reliés toile anglaise..................................... 1 50

AIDE-MÉMOIRE DE L'OFFICIER FRANÇAIS EN ALLEMAGNE, par P. de Pardiellan, ouvrage accompagné de 4 gravures hors texte représentant les uniformes de l'armée allemande et de feuillets blancs pour notes. — Volume in-32 de 160 pages, relié toile anglaise................................... 2 50

LES MÉTHODES STRATÉGIQUES DES ALLEMANDS EN 1870. — Brochure in-8o de 36 pages.. 1 »